时代印记

王志艳◎编著

康

熙

延边大学出版社

图书在版编目（CIP）数据

寻找康熙 / 王志艳编著 . —延吉：延边大学出版
社，2013.8(2020.7 重印)

ISBN 978-7-5634-5929-2

Ⅰ . ①寻… Ⅱ . ①王… Ⅲ . ①康熙帝（1654 ~ 1722）
—传记—青年读物②康熙帝（1654 ~ 1722）—传记—少年
读物 Ⅳ . ① K827=49

中国版本图书馆 CIP 数据核字 (2013) 第 210676 号

寻找康熙

编著：王志艳
责任编辑：孙淑芹
封面设计：映像视觉
出版发行：延边大学出版社
社址：吉林省延吉市公园路 977 号 邮编：133002
电话：0433-2732435 传真：0433-2732434
网址：http://www.ydcbs.com
印刷：唐山新苑印务有限公司
开本：690×960 1/16
印张：11 印张
字数：100 千字
版次：2013 年 8 月第 1 版
印次：2020 年 7 月第 3 次印刷
书号：ISBN 978-7-5634-5929-2
定价：29.80 元

前言

历史发展的每一个时代，都会有对后世产生巨大影响的人物，都会有推动我们前进的力量。这些曾经创造历史、影响时代的英雄，或以其深邃的思想推动了世界文明的进步，或以其叱咤风云的政治生涯影响了历史的进程，或以其在自然科学领域中的巨大成就为人类造福……

总之，他们在每个时代都留下了深深的印记，烙上了特定的记号。因为他们，历史的车轮才会不断前进；因为他们，每个时代的内容才会更加精彩。他们，已经成为历史长河的风向标，成为一个时代的闪光点，引领着我们后人走向更加深邃的精神世界和更加精彩的物质世界。

今天，当我们站在一个新的纪元回眸过去的时候，我们不能不提起他们的名字，因为是他们改变了我们的世界，改变了人类历史的发展格局。了解他们的生平、经历、思想、智慧，以及他们的人格魅力，也必然会对我们的人生产生深刻的影响。

为了能了解并铭记这些为人类历史发展做出过巨大贡献的人物，经过长时间的遴选，我们精选出一些最具影响力、最能代表时代发展与进步的人物，编成这套《时代印记》系列丛书，其宗旨是：期望通过这套青少年乐于、易于接受的传记形式的丛书，对青少年读者的成长产生潜移默化的影响，使他们能够从中吸取到有益的精神元素，立志奋进，为祖国、为人类作出自己的贡献。

前言

本套丛书写作角度新颖，它不是简单地堆砌有关名人的材料，而是精选了他们一生当中最富有代表性的事迹与思想贡献，以点带面，折射出他们充满传奇的人生经历和各具特点的鲜明个性，从而帮助我们更加透彻地了解每一位人物的人生经历及当时的历史背景，丰富我们的生活阅历与知识。

通过阅读这套丛书，我们可以结识到许多伟大的人物。与这些伟人"交往"，也会进一步提高我们的思想品格与道德修养，并以这些伟人的典范品行来衡量自己的行为，激励自己不断去追求更加理想的目标。

此外，书中还穿插了许多与这些著名人物相关的小知识、小故事等。这些内容语言简练，趣味性强，既能活跃版面，又能开阔青少年的阅读视野，同时还可作为青少年读者学习中的课外积累和写作素材。

我们相信，阅读本套丛书后，青少年朋友们一定可以更加真切、透彻地了解这些伟大人物在每个时代所留下的深刻印记，并从中汲取丰富的人生经验，立志成才。

导 言

Introduction

　　康熙（1654—1722），爱新觉罗·玄烨，清朝第四代君主，年号康熙，庙号圣祖，史称清圣祖。他不但是中国400多位帝王中在位时间最长的，也是其中最有成就的一位。在位期间，他智擒鳌拜，剿撤三藩，南收台湾，北拒沙俄，西征蒙古，同时还积极兴修水利，治理黄河，鼓励垦荒，薄赋轻税，爱民如子，开创了历史上著名的"康乾盛世"，也开创了中华帝国的一个黄金时代。

　　顺治十八年（1661），清世祖福临去世，年仅8岁的玄烨继承皇位，年号康熙。在祖母孝庄文皇后的抚育和教导下，康熙很快就成长为一位圣明的君主。

　　自清初以来，三藩各霸一方，形成几股割据势力，拥有大量的武装。尤其是吴三桂，功最高，兵最强，积极储将帅，习武备，令"四方精兵猛将，多归其部下"。三藩还倚仗自己日益壮大的力量，飞扬跋扈，不听约束，给清廷带来很大威胁。

　　1673年，康熙决定撤藩，结果导致吴三桂起兵反叛，其他二藩也相继响应，形成"三藩之乱"。但在康熙的英勇领导之下，三藩叛乱最终于1681年被完全平定，从而维护了清朝政府的集权统治。

　　1683年，康熙采取大学士李光地的意见，授明朝降将施琅为福建水师提督，出兵攻克了台湾，使台湾重新回到祖国的怀抱。

　　1690年至1697年，康熙多次击败准噶尔汗噶尔丹，史称三征噶尔丹。在雅克萨战役，康熙派遣黑龙江将军萨布素成功驱逐沙俄对黑龙江流域的侵占，收复了雅克萨城和尼布楚城，并与沙俄签订了《中俄尼布楚条约》。

　　作为封建社会的帝王，康熙还不因循守旧，积极吸纳西方文化，向来华传教士学习代数、几何、天文、医学等方面的知识，并颇有著述，从而以更加远大的目光来引领了国家的走向。

可以说，康熙在位期间，励精图治，为国家的繁荣与昌盛做出了非凡的贡献。在他的统治之下，清王朝也成为当时世界上最为强大的帝国。"幅员辽阔，人口最众多，经济最富庶，国力最强盛"。经过康熙的苦心经营，清朝的疆域，东起大海，西至葱岭，南达曾母暗沙，北跨外兴安岭，西北至巴尔喀什湖，东北到库页岛，总面积约达1300万平方千米，为今日的中国奠定了坚定的版图基础。

但是，无论多么成功的伟人，也都有缺点和不足。同样，雄才伟略的康熙大帝也有保守与落后的一面。在统一台湾后，他开放了海禁，却因担心米谷出境而明令禁止南阳贸易。这种闭关锁国的政策也直接导致了中国在世界经济的发展中落伍。尽管如此，这并不能抹煞康熙在历史上的伟大功绩。

本书从康熙帝的幼年生活开始写起，一直追溯到他以惊人的雄才大略，带领臣民平定内乱，抵御外侵，为"康乾盛世"的出现奠定了坚实的基础，构建了清朝入主中原后的国家版图，再现了这位中国伟大的封建帝王、世界闻名的政治家、军事家富有传奇色彩的一生，旨在让广大青少年朋友了解这位封建王朝的君主不平凡的人生经历，并从中汲取他那种勇敢、坚毅、勤勉、爱民的崇高精神，同时也对他的是非功过进行辨证的评价。

目 录

contents

目录

第一章　少年天子

　　凡人于无事之时，常如有事而防范其未然，则自然事不
生。若有事之时，却如无事，以定其虑，则其事亦自然消灭
矣。古人云："心欲小而胆欲大。"遇事当如此处也。

——（清）康熙

（一）

　　顺治十一年三月十八日（公元1654年5月4日），上距清兵入关刚
刚10个年头之际，北京紫禁城景仁宫内，伴随着一阵嘹亮的哭声，顺
治皇帝的第三个皇子降生了。

　　此时，这个婴儿的父亲，年仅17岁的顺治皇帝正在忙于指挥千里
之外平定南明永历政权的战争，根本没有时间顾及此事。因此，这个
皇子出生时，宫中并没有特别喜庆的气象。当时谁也不曾想到，此后
不过7年，这个皇子便继位为君，并为清朝政权的巩固和发展创建了不
凡的业绩。他，就是清史上赫赫有名的康熙皇帝。

　　康熙名爱新觉罗·玄烨，为清代定都北京后的第二个皇帝，也是
中国封建社会后期一位具有雄才大略与远见卓识的政治家和军事家。

　　玄烨的生母佟妃系少保固山额真佟图赖的女儿。佟妃的祖父佟养
真本是辽东的汉人，后来随父兄投靠了努尔哈赤，被列入汉军，并

受命管理汉军事务。后来佟养真战死，其子佟图赖承袭了职位，官至三等精奇尼哈番、太子少保。有了这样的身份，佟妃才得以被选入宫中，并于一年后生下皇子玄烨。

佟妃在生玄烨时，年仅15岁。玄烨继位为帝后，佟氏被尊为皇太后。同时，玄烨为了推恩生母，令佟图赖子佟国纲一支从汉军中抬入满洲镶黄旗。对于这件事，《清史稿》中记载：

"后家佟氏本汉军，上命改佟佳氏，后族抬旗自此始。"

所以，玄烨这位满族小皇子的身上不仅流淌着汉族人的血液，而且还生动地体现着当时满汉两族的结合，佟氏的家族史也正是满汉两族结合的产物。

不过，佟妃自入宫也没有得到顺治帝的宠爱，因此玄烨出生后，也没有得到过皇父的特别关照。按照清朝的规矩，皇家子女不论嫡庶，一生下来，就要被乳母抱走抚养。一个皇室子女，通常有40多个人服侍，除保姆8人、乳母8人外，还有针线上人、浆洗上人、灯火上人、锅灶上人等。

所以，玄烨一出生，也与其他皇子一样，被抱出宫交给乳母喂养。隔几个月后，母子二人才能见上一面。但在见面时，母亲不得任意逗弄孩子欢笑；孩子年长一些后，母子见面照例不许多谈。

就在康熙出生前后的顺治十年、十一年、十二年，连续3年，京城都在流行着一种令满族人心惊胆战的传染病——天花。

还在东北地区时，满族人当中就已传染过这种疾病。但东北气候较为寒冷干燥，天花不易流行，没有对人的生命构成很大的威胁。

进入中原后，由于对气候水土的不适应，在满族中，天花的发病率很高，许多婴幼儿因此而死亡。这种疾病吓得王公亲贵人人自危，扰得皇宫中人心惶惶。正因为这一点，出生不久的玄烨就由乳母受命带到紫禁城西的一座偏宅居住避痘。后来，这座偏宅被改称为福佑寺。

玄烨被抱出宫后，抚养和护侍在他身边的主要是两个保姆，一个是瓜尔佳氏，另一个是清代著名文学家曹雪芹的先祖、正白旗汉军包衣曹玺的妻子孙氏。而且，孙氏也成为抚养玄烨最久的乳母。

孙氏不但像生母一般照料着玄烨，还充当他的启蒙老师。玄烨对这位乳母也最为尊敬，即位后，特地封曹玺为江宁织造，封孙氏为一品诰命夫人。而曹军也是汉军，属于内务府包衣旗人，表面上是奴仆，实际上后来也是康熙的心腹。

玄烨本来就有着汉族的血统，又从汉人乳母那里接受了最早的启蒙教育，这对他后来重视汉族优秀文化，实行开明的统治起到了重要作用。

春去春又来，小玄烨在乳母的精心抚养下一天天长大。然而这个未经出痘、躲藏在宫外的小皇子依然未能躲过"痘神娘娘"的垂顾。

依照古老的方法，清朝出生的皇室子女都要接种疫苗的，也就是用天花病人的脓液或用脓痂制成的粉末，吹进孩子的左鼻孔中（女孩是右鼻孔）。如果反应正常，接种疫苗后，孩子就会发烧，并伴发轻微的水痘。

但这种疫苗在玄烨身上并没有生效，可能在他两三岁时，玄烨还是染上了天花。幸而玄烨凭借顽强的生命力，奇迹般地战胜了死神的纠缠，侥幸活了下来，只是在脸上留下了一些小麻点。

后来证明，正是这一次的大难不死，才令他有了对天花终身免疫的能力，也才让他有机缘登上皇帝的宝座。

（二）

在康熙皇帝出生前后，主持宫中事务的是顺治皇帝的母亲孝庄皇太后。孝庄皇太后出身于蒙古科尔沁博尔济吉特氏家族，在顺治亲政后，为了巩固自己在宫中的地位，扩大自己的家族在宫中的势力，顺治八年（1651）八月，顺治皇帝刚刚14岁时，她即将自己的一个亲侄女立为皇后。

但是，顺治与这位皇后关系并不好，并于顺治十年废掉了这个皇后。此后，孝庄皇太后又打乱行辈，将自己的一个侄孙女立为皇后。与此同时，同是出身博尔济吉特氏而入宫为妃者还有恭靖妃、淑慧妃、端顺妃、赠悼妃等四人。一时之间，顺治的后宫几乎成了博尔济吉特氏的天下。

但令孝庄皇太后失望的是，对于这些后妃，顺治一个也不喜欢，当然更谈不上与她们诞下子嗣了。

对于母亲为自己所选的后妃，顺治不愿接纳，这其中的原因多半是因为他对皇太后对自己婚姻包办干预的反抗。事实上，在第二次立后前选秀女时，顺治帝本已看中了内大臣鄂硕的女儿董鄂氏，然而皇太后为了让自己的亲族女子为皇后，竟将董鄂氏指婚嫁给了顺治帝的异母胞弟襄亲王博木博果尔。

为了得到董鄂氏，顺治帝想尽办法，最终将董鄂氏接入宫中，册立为贤妃，不久又册立为皇贵妃，直逼皇后之位。

顺治十四年（1657）十月，他所宠幸的皇贵妃董鄂氏为他生下皇四子，他即刻认定这个儿子为第一子，还在不少场合说这个刚刚出生的婴儿就是将来的皇太子。

但不幸的是，这个小皇子仅活了三个多月就夭折了。顺治帝悲痛万分，特授给他最高的皇子封号，以表达对这位小皇子非同一般的感情。

而此时，几乎被顺治帝遗忘的佟妃之子玄烨却在健康地成长着。尽管母亲的地位没能让玄烨在众位皇子中占据优势，但天资聪颖的他却得到了祖母孝庄皇太后的宠爱。

据《清实录》记载，玄烨生下来的时候十分惹人喜爱：

"天表奇伟，神采焕发，双瞳日悬，隆准岳立，耳大声洪，徇齐天纵。稍长，举止端肃，志量恢宏。"

本来老人就喜欢孩子，孝庄得到这样一位可爱的孙子，自然也将其当成心肝宝贝。从她后来对康熙的一些态度看来，她的确认为这个孙子是个当皇帝的料，因此才会给予他很大的关怀。

在玄烨避居宫外期间，孝庄不但对他的饮食起居时时过问，更是按照帝王的标准严格教导。后来康熙回忆说：

"饮食、动履、言语，皆有矩度。虽平时独处，亦教以罔敢越佚，少不然即加督过，赖是以克有成。"

从5岁开始，玄烨就正式上学读书了。孝庄皇太后为了更好地培养他，特地派了自己最贴心的侍女苏麻喇姑协助照顾。苏麻喇姑聪明乖巧，知书达理，并精通满语。有她一丝不苟地教导玄烨，玄烨进步得更快了。

清朝前期的几代皇帝，家法都极其严格。他们深深懂得，将皇子们培育成深通学问、明达治理的英才，直接关系到清王朝宗庙社稷的兴亡。皇帝们认为，"皇子年龄虽幼，而陶淑涵养的功夫，必自幼年开始学习"。所以，从幼龄开始，清朝皇帝就严格要求皇子们刻苦攻读，练习武事。

到5岁后，皇子们就都要到上书房中读书。宫中聘请的老师，也都是有名望、有学识的饱学之士。老师们受皇帝重托，本着"严有益，而宽多误"的要旨，殚心竭力，谆谆教导诸位皇子。

每当钦天监择日开学之后，皇子们必须遵守时辰上学。清代紫禁城的神武门内城楼上设有更鼓，一夜五更，每更约两个小时。每到一更，就有报更人敲鼓报时，五鼓打更，皇子们就要到达上书房。

这时通常天还未亮，宫内只有几个供差役的人，往来于黑暗之中。在宫中的一片寂静之中，供差役的人早就望见点点白纱灯慢慢移入隆宗门。在太监的护卫下，年幼的皇子们进入书房。

此时，师傅们早已正襟危坐，等候在宫内了。皇子们每天都要按照规定的课程诵读、写字、熟背诗文。至午时，侍卫给皇子们进午膳。

膳后，他们要继续攻读，不能休息。直到未时，即下午三点左右，侍卫端着点心再让皇子们进食。食毕，由侍卫教皇子们练习骑马、射箭等武事，一直到薄暮才能解散回去。

在这种严格的教育之下，玄烨各方面的进步都很快。加上他天资聪慧，勤奋好学，虚心求教，很快就在众位皇子中脱颖而出。《清实录》记载，玄烨幼年"读书十行俱下，略不遗忘，自五龄后，好学不倦，丙夜批阅，每至宵分"。

而且，他也十分善于骑射。晚年时，康熙帝曾回忆自己小时候跟随一个名叫默尔根的侍卫学习骑马射箭的事。默尔根在教授皇子时，要求严格，凡姿势、方法上稍有差错，就会直言不讳地教导更正，从不马虎，这让玄烨受益匪浅。后来在回忆时，他十分感慨地说：

"朕于诸事谙练者，皆默尔根之功，迄今犹念其诚实忠诚未尝忘也。"

（三）

在顺治十几年的皇帝生涯中，他并不感到荣耀和自豪。前7年，他不过是在母亲孝庄太后的护佑下，给叔王多尔衮作个傀儡。而随着年龄的增长和对自己权位的忧虑，他更加感到难以压抑的焦躁和愤怒。

身体素质本来就很差的顺治，即位后一直为政事、家事所困扰，健康状况每况愈下。心力交瘁，自然易于招致疾病。顺治十七年（1660）底，在京城士庶正为迎接新年而欢快忙碌之时，顺治帝却因感染了时人视为最可怖的天花而重病在床。

顺治病卧养心殿，自知危在旦夕，思虑万千，忧心忡忡。自己只有24岁，膝下的几位皇子都还年幼，究竟该由谁来继皇帝位？又该选谁来辅佐？妥善处理好这两件大事，对于幼帝和平而稳定地渡过辅政到亲政的交替时期，无疑是有决定作用的，而且这也关系到大清王朝统治的安危。

顺治的长子牛纽在两岁时就夭亡了，玄烨是顺治的第三子，玄烨以下的四个弟弟都年幼。这时，只有宁妃所生的二子福全和玄烨年龄较大，两人都庶出，他们的生母也都没有得到过顺治的宠爱。

但是，玄烨较福全有着更多的优势。玄烨6岁那年，有一天，他与哥哥福全、弟弟常宁一起去给父皇顺治帝请安。顺治慈爱地将他们搂在怀中，问他们长大后都想做什么样的人？

常宁刚刚三岁，还不懂事，默然不知所云。福全回答说：

"愿以贤王对。"

意思是说，他长大了愿意做一个贤王。

而玄烨却机灵而大胆地说道：

"待长而效法皇父，黾勉尽力。"

一个年仅6岁的孩童，便有了效法皇父的远大志向，而且表示会竭尽全力去实现这个目标，这让顺治帝感到十分惊讶，同时心里也有了谱。

所以，在卧床养病之际，顺治帝特意派人去征询当时很受自己尊敬而信赖的钦天监监正、德国传教士汤若望的意见。汤若望认为，玄烨年龄比福全略小，但已经出过天花，有免疫能力；而福全却未曾出过，以后很可能会发生类似眼下顺治帝这样的悲剧。

鉴于自己的病状，顺治帝觉得汤若望说得有道理。尤其是玄烨又一直受母亲喜爱，在孝庄皇太后的全力支持下，顺治经过深思熟虑，最后决定立玄烨为嗣。

顺治十八年（1661）正月初六日夜半，顺治帝预感到自己生命垂危，急忙将学士麻勒吉、王熙召至养心殿，对他们说：

"朕患痘，势将不起，尔可详听朕言，速撰诏书，即就榻前书写……"

王熙泪如雨下，泣不成声，只是呆呆地握着笔杆发抖，久久不能下笔。

顺治帝又无限深情地安慰王熙说：

"朕平日待尔如何优渥，训尔如何详切。今事已至此，皆有定数。群臣遇合，缘尽则离，尔不必如此悲痛。此何时，尚可迁延从事，致误大事？"

王熙垂泪从命，在床前匆匆写下遗诏的第一段。

此时的顺治已疲惫不堪，王熙看着顺治，实在于心不忍，便请求顺治照以前所谈，等他将诏书全部拟就后再行进呈。顺治只得点头同意。

二人赶紧到乾清门西朝房内起草了皇帝的遗记，随后进呈，顺治挣扎着将遗诏反复修改，"进呈者三，皆报可"，直到第二天红日西坠才算定稿。几个小时后，顺治去世。

初八日，朝廷颁布顺治遗诏，指定三子玄烨为皇位继承人。遗诏中写道：

> 太宗创垂基业，所关至重，元良储嗣，不可久虚，朕子玄烨，佟氏妃所生，年八岁，岐嶷颖聪，克承宗祧，兹立为皇太子，即遵典制，持服二十七日，释服即皇帝位。

正月初九日，8岁的玄烨在祖母孝庄皇太后的亲自主持之下继位。他穿上孝服，到顺治帝陵前敬读诰文，接受诏命，然后换上礼服，到皇太后宫中行礼，亲御太和殿，登上宝座，接受百官的朝贺，正式登基。之后，颁诏大赦，定顺治帝谥号为章皇帝，庙号世祖，改第二年为康熙元年。大清王朝的康熙时代正式开始了。

"康熙"是安定太平的意思，这个年号也体现了清朝统治者希望巩固统治的愿望，反映了各族人民渴望和平富足的要求。事实证明，玄烨的统治无愧于这两个字，他开创了中国封建社会最后一个盛世——"康乾盛世"。

第二章 四大辅臣

凡人孰能无过？但人有过，多不自任为过。朕则不然。于闲言中偶有遗忘而误怪他人者，必自任其过，而曰："此朕之误也。"惟其如此，使令人等竟至为所感动而自觉不安者有之。大凡能自任者，大人居多也。

——（清）康熙

（一）

玄烨虽被选定君王，但到底年龄太小，无法亲政。自古以来新君年幼即位，一般或由母后临朝，或委政外戚，或亲王辅政，或由老君主指定重臣辅政。

皇太极病逝时，顺治皇帝只有6岁，满族贵族举行会议，最后决定实行宗室亲王摄政，即由顺治帝的两个叔叔睿亲王多尔衮和郑亲王济尔哈朗共同辅政。

其后，多尔衮将济尔哈朗剔除，自称摄政王，并擅自加封皇叔父摄政王、皇父摄政王等称号，其权力凌于皇权之上，致使清朝新政权一度出现枝大于干，国家政治生活极不正常的局面。所幸多尔衮在顺治七年死去，顺治帝才得以收回全部权力，否则必将引发宫廷内部的争端。

鉴于这一历史教训，此后，顺治帝、孝庄皇太后和上三旗大臣都纷纷否决亲王辅政的做法。孝庄皇太后出身蒙古，若母后参政、外戚入朝，只会产生新的矛盾；若让玄烨生母佟氏临朝，不仅其本人无此能力，其出身汉军一项即不会为孝庄皇太后和满族宗室所接纳。因而母后临朝、委任外戚方式虽经考虑，但终因易于招致訾议，后果难测而被放弃。

所以，可供选择的只有大臣辅政这一种方式，既可确保满族贵族对政权中枢的控制，又可将透选大臣的范围限于上三旗，同时辅政者还必须接受宗室大臣的监督。

因此，顺治帝在遗诏中直接改变了幼主由宗室辅佐的传统，特指定内大臣索尼、苏克萨哈、遏必隆和鳌拜四人为辅政大臣，以"保翊冲主，佐理政务"。

首席辅政大臣索尼，姓赫舍里氏，满洲正黄旗人。在努尔哈赤统治期间，索尼的父亲和叔父都是十分被信重的文人。

皇太极执政期间，索尼因久在戎行，出生入死，屡立战功，成为一个不可忽视的战将。皇太极死后，两黄旗大臣坚决主张立顺治帝接位，索尼与其他五人盟誓于盛京三官庙，坚决辅佐幼主。

清兵入关后，由于畏惧多尔衮的权威，许多盟誓之人多依附到多尔衮一旁，而索尼却坚决自矢，不肯屈服，最终被多尔衮罢官抄家，遣出盛京，那时他已48岁。

三年后，顺治帝亲政，特召索尼回京，并恢复他的世职。后累进一等伯世袭，擢内大臣兼议政大臣，总管内务府。到出任辅政时，索尼已经60岁，成为历事四朝的老臣；又系"两朝顾命之臣"，所以他在四位辅臣中列于首位。

位居第二位的是苏克萨哈，姓纳喇氏，满洲正白旗。他的父亲曾以归顺之功得以娶努尔哈赤的女儿为妻，因此，事实上他与顺治帝为姑表兄弟。

尽管苏克萨哈所立战功不多，在军中的资望也不及索尼，但由于他以多尔衮所领正白旗属下的身份，在多尔衮死后率先揭发多尔衮阴谋篡逆，反戈一击，大受顺治帝和皇太后的赏识。此后他又在湖南、湖北大败抗清义军，被提升为领侍卫内大臣，因此也成为正白旗中举足轻重的人物。

位居第三位的辅政大臣是遏必隆，籍隶满洲镶黄旗，姓钮祜禄氏，是清朝的开国功臣、"五大臣"之首的额亦都的第十六子，其生母系和硕公主。在明清争夺辽西及入掠中原的军事行动中，遏必隆多次立功。后因反对多尔衮专权，被剥夺官爵，抄没一半家产。顺治帝亲政后，遏必隆不甘沉沦，上书讼冤，得以官复原职，后被封为一等公，升任议政大臣，领侍卫内大臣。

最后一位辅政大臣鳌拜与遏必隆同旗，姓瓜尔佳氏，为清初开国功臣费英东的侄子。在清朝初年，鳌拜堪称一员不可多得的勇将，几乎所有重大战事都曾领兵参与，以身先士卒、骁勇善战立大功无数，有"勇士"（满语称"巴图食"）之称。皇太极死后，他誓死主张立其子为君，因而积怨于多尔衮，被三次论死，只因功高而幸免于难。多尔衮死后，命为议政大臣，进世袭二等公，又升任领侍卫内大臣。

四位辅臣在开创清王朝的基业中，都立下了汗马功劳。其中，索尼、遏必隆、鳌拜三人属于正黄旗人，在皇太极逝世时，因拥立皇子继位，曾遭到多尔衮的压制，受过免死、解职的惩罚；苏克萨哈属于正白旗人，从拥护多尔衮转而支持顺治。因此，他们都得到了顺治的信赖。

（二）

顺治一反传统，破除旧习，没有同诸王、贝勒和文武大臣商议，就决定让四位异姓大臣辅政，这不能不引起四位辅臣的忧虑。

因此，在听到遗诏的最初一刻，他们简直不敢相信自己的耳朵。当确信遗诏所说无误时，他们立刻又表现得惶恐不安，手足无措。这也难怪，论以亲疏功绩，诸多的宗室、诸位王公贝勒等，不仅是皇帝的血亲，且多战功卓著，辅佐幼主的托孤重任怎么会交给异姓他人呢？而在这些皇亲国戚面前，行使如此重大的权力，四位大臣又怎能不感到压力沉重，诸多顾忌呢？

所以，在听完遗诏后，索尼等立即跪在诸王贝勒面前，说道：

"今主上遗诏，命我四人辅佐冲主。从来国家政务，惟宗室协理，索尼等皆异姓臣子，何能综理？今宜与诸王贝勒共任之。"

其实，诸王贝勒对此种安排也难免心怀不满，但以往皇位传承之际争杀流血的恐怖事件早已令人不寒而栗。一言不慎，便可能以违背先帝遗诏之罪而招致杀身之祸。更何况当此大局已定之时，宗室之间也各有盘算，谁肯妄动，就可能被当做乱臣贼子。因此，诸王贝勒虽然心中不满，也只能客气地表示：

"大行皇帝深知汝四人之心，故委以国家重务。诏旨甚明，谁敢干预，四大臣其勿让。"

尽管如此，四人仍心怀顾忌，便又去奏请太皇太后，回答仍是肯定的。至此，四人已没必要再虚情假意了。于是，四位辅臣与王以下文武大臣先后分别在顺治灵位前和大光殿内立下誓言：

"臣等誓协忠诚，共生死，辅佐政务，不私亲戚，不计怨仇，不听旁人及兄弟子侄教唆之言，不求无义之富贵，不私往来诸王贝勒等府受其馈遗，不结党羽，不受贿赂，惟以忠心仰报先帝大恩。若复各为身谋，有违斯誓，上天殛罚，夺其凶诛。"

誓言明显地针对以往君主逝世后，宗室诸王贝勒为争夺君权，各自同朝廷大臣结成党羽，私挟怨仇，彼此进行生死搏斗的严酷历史教训，强调四位辅臣、诸王贝勒和文武大臣，不得利用亲戚、亲族关系，从个人恩怨出发，互结党羽，以致"乱政"。尤其是四辅臣共同执政，不受诸王贝勒干预，不得单独同诸王贝勒等府私相往来，以竭尽全力稳定幼主的统治地位。

四位辅政大臣在一定程度上可以代行皇帝职权。凡一切军政命令，均以"辅臣称旨"的名义谕诸王贝勒大臣遵行。但事实上，此时真正把持大清朝政的人，却是孝庄太皇太后。

对于皇孙玄烨的顺利继位，孝庄太皇太后是既高兴又担心。高兴的是，经过一番努力，终于让自己的嫡亲孙子得以继承皇位。因而在玄烨继位后，她对这个一直都颇为喜爱的孙子关照更多，并以太皇太后的身份极力扶植皇孙。

在她看来，这个孩子几乎就是她的命根子，因此，康熙即位之初，孝庄太皇太后便将他接到慈宁宫与自己同住。而她自己则心甘情愿地担任玄烨的教师和保姆，期待他健康、顺利地成长为一个出色的君主。

然而让孝庄不放心的是，这个孩子刚刚8岁，将来能否挑起治理国家的重担？带着这份担心，有一次，她试着问康熙将来长大了有什么愿望？

康熙大声回答道：

"惟愿天下乂安，生民乐业，共享太平之福气。"

寥寥数语，让孝庄太皇太后大为高兴。为此，孝庄还亲自书写条幅告诫康熙：

"古称为君难，苍生至众，天子以一生临其上，生养抚育，莫不引领，必深思得国得众之道，使四海咸登康阜，绵历数于无疆，惟休。"

康熙的初愿与孝庄的为君"必深思得国得众之道"的教诲，也成为康熙后来治国的基本出发点与最终归宿。

（三）

在祖母孝庄的直接教诲与勉励下，康熙开始学着治理国政。孝庄很清楚，虽然有四位大臣辅政，但这实在是个"谙害取其轻"的不得已之计，危急的形势使她既要设法协调早已十分紧张的上三旗之间的关系和地位，又要时刻提防天子大权再度旁落权臣之手。

为此，孝庄不得不采取一些措施来加以制约，包括"凡涉军政大事，四大臣议定后，须奏请太皇太后裁决"。她希望四位大臣能够竭忠尽力，遵遗诏辅佐康熙皇帝；她也希望诸王、贝勒、贝子、大臣们都能服从调遣。只有这样，初登皇位的少年皇帝才能顺利渡过这次政权危机，确保大清王朝的长久延续。

事实上，孝庄的警觉与担心并非没有根据，大臣辅政的这种畸形政治体制也注定让康熙朝政治从一开始便走上了一条坎坷之路。

居四辅臣之首的是素有威望的一等伯索尼。这位出身于正黄旗的贵族将领，数十年效忠皇室，一向胆大心细，办事干练，加之数历荣辱沉浮，身经皇太极、多尔衮、顺治皇帝三个时期，尤其谙于宫中政治。

所以从表面上看，由这位劳苦功高、深负众望的老臣辅佐皇权，没什么令人不放心的。但此时的索尼已到花甲之年，体弱多病，昔日激昂进取的锐气雄风也为晚年的暮气所取代。尽管他依然持重、坚定，但已无力应付日益复杂的内部争讦。面对大一统的中央政权，他似乎感到了一种弓矛剑戟无法统治的力量，能够让他承担起这首席辅臣大任的，唯有头脑中根深蒂固的"祖宗之法"。因此，从辅政伊始，他便坚持推行代表满族旧贵族利益的落后、僵化、保守的政治方针。

位居索尼之次的苏克萨哈出身于额驸之家，也曾是一位驰骋疆场的勇将。由于在黄白两旗的冲突中没有卷入斗争漩涡，顺治帝在权衡上三旗利益关系时，便选中了苏克萨哈作为平衡满族各旗势力的砝码。

令人遗憾的是，苏克萨哈只是一员刚毅善战的猛将，虽受孝庄的庇护，却不具备治世应有的政治经验和敏锐的眼光，文化素养较差。他的贵族旧臣阅历和身世，也决定他会像索尼一样，坚定地维持满族贵族利益，以昔日的"淳朴旧制"抵制千差万别的汉俗。

出身于满族簪缨之家的遏必隆，是一位在性格上与索尼和苏克萨哈相差极远的顺治宠臣。在四位辅臣中，他排位第三，除军功显赫外，还曾将女儿钮祜禄氏送入宫内，立为贵妃，身列皇亲国戚。

然而，清廷中复杂的政治关系使遏必隆深感没有能力、也不愿插足满族上层贵族之间残酷的内部角逐。因此，他很少干预宫中的军政要事，时常唯诺附和或保持沉默，纵使有所不满，也不轻易流露。

而且，遏必隆虽然出身将门，对政治却知之甚少，更谈不上远见卓识。其位虽居鳌拜之先，却宁愿甘拜下风，最终蜕变为鳌拜的应声虫。

四辅臣中排位最后的是镶黄旗护军统领鳌拜。在宫中，他因冒死效忠顺治帝而受到嘉奖，数次被提升，并被授领侍卫内大臣。孝庄皇太后病重时，他率侍卫"昼夜勤劳，食息不暇"，又得加封太傅、太子太保。

再加之鳌拜总是以维持满族旧制为己任，重视武备训练，因而不仅成为皇帝、皇太后的心腹，也深受清室保守的上层贵族们的赏识。到顺治末年，鳌拜已俨然成为宫中颇具影响力的人物。

因此，虽然鳌拜身居四大辅臣之要职，却毫不满足。他认为自己无论是出身、功业，还是体魄、心计，都不输于排在他前面的三位老臣。凭着自己的抱负和能力，迟早有一天会出人头地。就这样，他踌躇满志，毫不逊让地登上了辅政大臣的舞台。

（四）

从举行完登基大典之后，年幼的康熙帝便坐在高高的御座上临朝了。在不绝于耳的"万岁"声中，他俯视着群臣叩拜如仪。

但是，刚满8岁的康熙还不能理解朝臣讨论的军国大政，只是在礼仪官的指导下主持一些礼议性的活动，一般国家的政务都由四位辅臣处理，重大政务则由四位辅臣奏报请示太皇太后裁决。此时的康熙，还只是个挂名皇帝。

四位辅政大臣都是上三旗的王公贵族，地位显赫，不仅在本旗内有着举足轻重的影响，也是上三旗旧贵族的政治代表。然而，他们却都缺乏犀利的政治眼光和处理国家政事的经验，其思想与中原地区高度发达的农业、商业、手工业经济等也都格格不入。他们基本不具备良好的文化素养，不了解博大精深的汉族文化，只是热切地希望由他们来维护各自的和贵族们共同的利益，维护和恢复祖制。

因此，四位辅政大臣"一朝权在手，便把令来行"。顺治十八年春，清政府中不断以康熙帝的名义发出一系列令人难以忍受、甚至令人发指的政令，有些政策还直接打出了遵行顺治帝遗诏的旗号。

首先是发布了废除十三衙门的诏令。因为顺治帝在遗诏中说：效法明朝陋规，设立十三衙门，重用宦官是一条罪错。因此，顺治帝遗体刚刚火化，辅政大臣便下令废除十三衙门，复立内务府。

十三衙门的废除，在一定程度上减轻了宦官干政、奸人擅权的弊病。但是，废除的本意则在于维持满族"淳朴之风俗"，恢复"祖宗久定之典章"，用以削弱汉族的封建政治制度和宫廷传统的影响。

其次是罢内阁、翰林院，复设"内三院"。这也是四位辅臣辅政后的另一项复旧举措。随后，他们又更改了顺治十五年制定的满汉官员品级划一的规则，提高满官品级，降低汉官品级，并根据考满结果来确定汉官是继续留用，抑或降级、革职。这一制度的贯彻，在很大程度上制约、压抑了地位较低的汉族官吏，同时也助长了官场上的腐败风气。

事实上，建立考满制度只是辅政大臣压抑汉族官员的一种文明手段，而对广大汉族各阶层人民，尤其是汉族知识分子，清政府则毫不手软地对其进行了残酷的迫害和镇压。

顺治帝去世的消息传向全国后，全国各省巡抚都按例率属设位哭临。江苏吴县知县任维新贪贿浮征，滥用非刑，当地百姓积怨已久。得知世祖哀诏要传至江苏，并在文庙举行哭临大典时，诸生金人瑞、倪用宾等人便商定手拟状稿，状告知县任维新。

哭临当日，金人瑞等18人率当地士绅千余，到文庙向前来的江南巡抚朱国治呈递揭帖。然而，朱图治非但不主持公道，反将此事密奏于上，诬称当地士绅"集众千百，上惊先帝之灵"，并将十几个带头者系于牢狱。

消息传至北京后，辅政大臣立即派侍郎叶尼前往审讯，并将为首的18人全部凌迟处死，家中财产也尽被籍没。

这是康熙朝发生的第一次大冤狱，史称哭庙案，在全国尤其是江南地区引起了强烈的震动。

不久，另一场更大规模的打击汉族士绅的大案再次轰动江南，这就是顺治十八年上半年发生的江南奏销案。

顺治十八年三月，辅政大臣颁布了各省巡抚以下、州县以上征催钱粮未完处分条例。条例规定：各地方官员，凡本地有拖欠钱粮，都应停止升转；限期未完备，将受革职、降级处分。

几乎在同时，清政府又以财政紧张为借口，下令赋税10年并征。一时之间，无论上下官吏、新老士绅，其命运全部与钱粮系在一起，因而人们都纷纷将"新令"视为"陷阱"。

江南巡抚朱国治素以暴政为擅长，因而催征急迫，以图邀功。士绅凡有拖欠，即被诬为"抗粮"而遭上本参奏。仅苏、松、常、镇四州被造名册题参者，竟达1.35万人。

辅政大臣闻报后，立即下令将所列士绅尽革功名，将在籍者提解来京，送刑部从重议处，已故者则提其家人。

同时，安徽、浙江等地也纷纷效法，一时冤狱四起，以致各狱中诸生竟无立足之地！本来对清政府就极为不满的文人绅士们因此对满人统治更加抵触，一度趋于缓和的满汉民族矛盾再次尖锐起来。

在寻找借口对汉族士绅严厉打击的同时，对于汉族人民的武装反抗斗争，四位辅政大臣也变本加厉地予以血腥镇压。这样做的直接后果，就是大幅度地背离了顺治朝以来加强中央集权、加速汉化的基本治国路线，导致了皇权的暂时削弱，同时也造成了汉族人民，尤其是知识分子与清政府之间严重的隔阂，全国形势不断恶化。康熙初年，清政府的治国政策不仅没比顺治时期有所缓和，反而有明显的倒退倾向。

这些残酷狱案的发生，当然不是刚刚即位的康熙的责任。此时，虽然一些重大政务都要奏请太皇太后，但为了缓和满洲贵族对顺治年间执行的一些政策的不满情绪，协调相互之间的矛盾，保住孙子的皇位，太皇太后对四位辅臣的治国策略并未进行太多干预，这也更加加剧了清政府与汉族之间的矛盾冲突。

第三章　智擒鳌拜

凡人存善念，天必绥之福禄以善报之。今人日持珠敬佛，欲行善之故也。苟恶念不除，即持念珠，何益？

——（清）康熙

（一）

康熙继承皇位时仅有8岁，到康熙六年（1667）亲政时也才只有14岁。但就是这位初登政治舞台的少年皇帝，却给世人显示了不凡的身手，机智果敢地除掉了皇位旁边的一股邪恶势力，整肃了朝纲，在统治中国的漫长道路中迈出了坚定的第一步。

四位大臣虽然号称辅佐政务，但其实他们是在代行皇帝的权力。凡是由四位辅臣已定的或未定的国家要事，都以"辅臣称旨"的名义，或是谕令诸王、贝勒、大臣会议与各部院和地方督抚定议奏上，或是命令他们执行。因此，"辅臣称旨"如同诏令，不得违抗。

不过，任何国家大事都必须由四位辅臣共同讨论决定后，再一起向皇帝上奏，个人是不能上疏或者朝见皇帝的。当时，年幼的康熙帝还没有能力处理国家政务，太皇太后孝庄不能垂帘听政，平时自然就是四位辅臣行驶国家的最高权力了。

在形式上，四位辅臣的班行有先后之列，又都以共同辅政、集体制约的方式，保持权力的平衡。但随着四辅臣各自的权势、能量和地位的变动，以及彼此之间利益关系的不同而形成的相互结合或对立，也不可避免地会出现个人操纵政局，从而形成擅权的局面。

在四位辅臣中，索尼的资望最高，位列班首。但由于年高体弱，精力不足，遇事则多保持缄默和回避态度。

地位居次的是苏克萨哈。他自恃为额驸之子，与皇族沾亲，又深受太皇太后信任，尽管缺乏政治经验，遇事却从不肯随顺。他与鳌拜本来是儿女亲家，但对鳌拜的专横跋扈早就心怀不满，"诸事多与鳌拜迕，积以成仇"。加上苏克萨哈籍隶正白旗，本已与正、镶两黄旗深含旧怨，与籍属镶黄旗的鳌拜自然也不对付。因此，辅政的"蜜月"一过，二人的矛盾也日益突显出来。

位居第三的遏必隆最怕的就是鳌拜，几十年来他所积累的唯一经验就是尽量不与人争。他很少对军政要事干预评论，而多是唯唯诺诺地附和或干脆保持沉默，即使有所不满，亦轻易不作流露。

鳌拜是四辅臣中最蛮横的一位。他自恃功高，"意气凌轹"，朝中大臣"多惮之"。而且，他也不甘心屈居人下，每有议政，便目中无人，大吵大叫，必使他人屈从己意而后止。

他见苏克萨哈爵秩虽低，但班次竟居第二，仅次于索尼。一旦索尼死了，苏克萨哈就可能依次递补，代替索尼总揽启奏和批红大权。对此，鳌拜耿耿于怀，认为在四辅臣中，唯有苏克萨哈是横在征途上阻挡他爬上更高权位的绊脚石。因此，他要利用自己在辅臣中所处的优势，打击以苏克萨哈为代表的白旗势力，达到扳倒苏克萨哈，逐步实现个人擅权的目的。

于是，鳌拜首先抓住以往多尔衮在关内分定圈地一意偏袒正白旗、极力压制御前黄旗这件不平事为突破口，煽风点火，千方百计蓄意重新挑起黄、白两旗之间的矛盾和斗争，来制裁白旗势力和苏克萨哈。

这一提议得到了在多尔衮时代受到压迫的两黄旗大臣的支持，就连索尼和遏必隆也随声附和。鳌拜见有机可乘，便唆使两黄旗的起人向户部呈文，要求将遵化、迁安等地的正白旗屯庄改拨正黄旗。

然而，大学士、户部尚书、正白旗大臣苏纳海认为，这件事已经过去20多年，旗民各安生业，两旗间因分拨土地所引起的不快也已渐渐忘却，因此奏请朝廷，驳回重新划分土地之议。

但鳌拜坚持已见，于当年三月称旨支持镶黄旗圈换土地，移回左翼之首，同时立即圈拨顺义、密云、怀柔、平谷四县地给镶黄旗，造成已经迁回左翼之既成事实。

恰在此时，直隶、山东、河南总督朱昌祚，直隶巡抚王登联等人同时上疏，要求鳌拜停止围地，并指出此举系鳌拜背主所搞违法活动，已给旗民带来严重危害并遭到坚决抵制，停止圈地势在必行。

以苏纳海为首的户部本来就不同意圈换土地，至此便决定撤回差去换地的官员。鳌拜闻讯后，恼羞成怒。他发动党羽，采取各种方法诬陷苏纳海、朱昌祚和王登联等人，并将三人逮捕，交刑部议处，其他抗命官员也分别议处。

年仅13岁的康熙坚决不同意重处苏纳海等人，但鳌拜却依仗他在辅政大臣中的优势，诬称苏纳海三人结党抗旨，违背祖制，矫旨将苏纳海等人"著即处绞"，随后强行圈换土地。

此次圈换土地，共骚扰近京十多州县，造成失业者达数十万人之多，严重影响了当地的社会稳定。而且，圈地一事也令朝内百官惴惴不安，纷纷要求皇帝亲政。

康熙六年（1667）六月，首辅索尼去世后，鳌拜更为骄横，四大臣辅政体已不能发挥其应有的作用。因此，康熙以"辅政臣屡行陈奏"为由，经皇太后同意，于七月初七举行了亲政大典，宣示天下开始亲理政事。

（二）

鳌拜本想借索尼去世之机越过遏必隆、苏克萨哈，攫取启奏权和批理奏疏之权，成为真正的宰相，不料想康熙准备亲理政务，使他的希望破灭了。但他又不愿归政，遂拉苏克萨哈和他一起干预朝政，试图以太祖太宗所行事例来压制康熙帝。

苏克萨哈虽然缺乏政治才能，但却不糊涂。他见皇帝已经亲政，便不愿与鳌拜同流合污，坚决抵制鳌拜的卑劣行径。

这样一来，鳌拜对苏克萨哈更是恨之入骨，必欲置之于死地。而苏克萨哈见鳌拜权势越来越大，自己无法与之抗争，便打算退出权力中心。因此在康熙亲政的第六天，他就以"身染重疾"为由，上书要求"往守先帝陵寝"。

苏克萨哈希望自己隐退的举动可以迫使鳌拜、遏必隆也一并辞职交权，但鳌拜早就想对他下手了。因此，鳌拜就想在康熙刚刚亲政，但还没有掌握大权的时候，决定尽快除掉苏克萨哈。

他首先抓住苏克萨哈在要求去盛京守卫先帝陵寝的上疏中有"如线余生得以生全"之语，大做文章，以皇帝的口吻指责道：

"兹苏克萨哈奏请守陵，如线余生得以生全。不识有何逼迫之处，在此何以不得生，守陵何以得生？朕所不解。着议诸王贝勒大臣会议具奏。"

七月十七日，鳌拜操纵议政王大臣会议，颠倒黑白，给苏克萨哈编造了"不欲归政"等二十四款大罪，拟将苏克萨哈及长子内大臣查克旦磔死，其余子孙无论年龄皆斩决籍没，族人前锋统领白尔赫图等亦斩决。

鳌拜提出处死苏克萨哈时，康熙已清楚苏克萨哈是无辜受害，因此"坚不允所请"。但鳌拜竟然"攘臂上前，强奏累日"，直到康熙不得不让步为止。最后，康熙只好将苏克萨哈从分尸的酷刑改为绞刑，其他仍按原议执行。

康熙刚一亲政就被鳌拜来了一个下马威，这让他对这位飞扬跋扈的权臣的行为看得更加清楚。但自己羽翼未丰，暂时还无法用强，康熙不得不咬牙隐忍，等待时机。

鳌拜见康熙如此，以为康熙软弱可欺，因此也更加得意忘形，越来越肆无忌惮地结党营私，擅权乱政，将自己的儿子和亲信都安插在内大臣、大学士、六部尚书等重要位置。

以往起坐班行，鳌拜居遏必隆之左。对此，遏必隆一直心惊胆战。一天在上朝时，遏必隆特意后退数步，低头哈腰地向鳌拜谦让道：

"我怎好上坐！"

鳌拜闻言，不禁桀然而笑，随即昂首上前而坐。此后，鳌拜的党羽列名启奏时，索性将鳌拜放在遏必隆的前面。

鳌拜在朝中排除异己，结党营私，发展自己的势力，渐渐结成了以自己为核心，以穆里玛、塞姆特纳莫、班布尔善、阿思哈等为骨干的朋党集团。他们互相勾结，操纵朝政。据说，他们凡事都在家中与亲信议定后，再奏报施行，甚至经过康熙批准的奏稿，也要带回家去另议，商量对策后，再做处理，真正称得上是目无朝廷了。

鳌拜一面培植私党，一面不择手段地排除异己。很多官员因为违背了鳌拜的意愿，都被他逮捕处死。因此，朝中人人自危，无人敢对鳌拜说"不"字，鳌拜的势力也真正到了权倾朝野的地步。

而且，鳌拜还欺君专权，堵塞言路。康熙亲政后，下诏谕令臣下陈述时政得失，而鳌拜却明令禁止科道陈言，杜绝官员揭发情弊，甚至拦截奏章，堵塞下情上达。

平时，他还视康熙为不懂事的幼儿，动辄就在康熙面前呵斥部员大臣。康熙曾在谕旨中非常愤慨地指出：

"鳌拜于朕前办事，不求当理，稍有拂意之处，即将部臣叱喝。又引进时，鳌拜在朕前理宜声气和平，乃施畏震众，高声喝问……又凡用人行政，鳌拜欺朕专权，肆意妄为。"

这一切，的确是年轻有为的康熙皇帝无法忍受的。康熙从切身体验中也清楚地认识到，不除掉鳌拜，他就不能整肃朝纲，也不可能按照自己的旨意推行政务。

（三）

康熙八年（1669），康熙刚刚16岁，亲政还不到两年，资历尚浅。但是，他的对手鳌拜却是三朝元老，经过多年的培植，死党盘根错节。他们已经严密地控制了中央各个要害部门，针插不入，水泼不进，难怪康熙暗暗叹息"其力难制"。

康熙感到，要从鳌拜手中夺下大权不是件轻而易举的事，需要经过周密的考虑和巧妙的安排才行。为此，经过反复考虑，康熙决意避免打草惊蛇，而换以采取特殊的斗争方式来扳倒鳌拜。

为稳住鳌拜，康熙表面上对鳌拜十分尊敬。在鳌拜处死苏克萨哈后，康熙便封鳌拜和遏必隆为一等公，不久后又封为"太师"，对鳌拜的私党班布尔善、马迩赛等也予晋升，照常重用。

与此同时，康熙还故意装出一副无意于政事的样子，精心选出一批年轻力壮的侍卫，天天与他们一起耍弄练习摔跤的一种布库戏。即便是鳌拜上朝奏事，康熙也不避讳，还故意与小侍卫们在一旁戏耍。

鳌拜经常看到这样的情景，便真的以为康熙年少幼稚，好耍武艺，还没有将心思用在朝政上。从此以后，鳌拜更加不将康熙放在眼里，常在宫中进进出出，从不戒备。

有一次，鳌拜借口有病，好多天不上朝，有人说他在家密谋不轨，康熙立刻带侍卫前去鳌拜家探望。

门卫刚要进去禀报，被康熙止住，他和侍卫直入府内，来到鳌拜寝室。鳌拜见皇上突然来临，神色不安起来。侍卫迅速走到鳌拜床前，掀开鳌拜的睡席，结果发现了一把锋利的匕首。

鳌拜惊慌失措，以为阴谋败露，但康熙却不以为然地说道：

"刀不离身是咱们满人的故俗，辅政大臣时时不忘祖训，实在可嘉可奖！"

康熙的一句话，顿时稳住了鳌拜，气氛也随即缓和下来。

回到宫中，康熙立刻以下围棋为名召见索额图，以商讨铲除鳌拜的具体方案。索额图是已故辅臣索尼的次子，皇后的叔父，也是康熙除鳌拜的重要助手，原任侍卫，后改任吏部侍郎，康熙八年（1669）五月忽然又"自请解任，效力左右，复为一等侍卫"。康熙加强了身边的保卫工作，动手的时机快成熟了。

康熙设计的行动方案非常巧妙有效，准备得既充分又万无一失，表现出了高度的政治手段。

事实上，每天与康熙一起玩耍练习摔跤的侍卫们，都是康熙精心挑选出来准备对付鳌拜的。这是康熙组建的一支特殊的卫队，后来甚至还成为一个正式的组织，名为"善扑营"。

康熙八年（1669）五月十六日这天，鳌拜像往常一样，大摇大摆地独自入朝上奏。康熙觉得时机难得，便急用眼神暗示周围的小侍卫们，并面对着小侍卫们问道：

"你们都是我的心腹卫士，犹如我的手足，但你们是听我的命令，还是听鳌拜的命令？"

众人早已对鳌拜的专横跋扈愤愤不满，因此齐声高呼：

"我们只听从皇帝的命令！"

说完，这些小侍卫们一拥而上，擒住鳌拜。鳌拜一时被弄得昏头昏脑，还没等缓过神来，就被小侍卫们捆得结结实实了。

接着，康熙历数鳌拜罪状，然后将鳌拜下狱监禁，并命议政王大臣等勘审鳌拜罪行。

逮捕鳌拜后，康熙也没有忘乎所以，而是马上又以迅雷不及掩耳之势，逮捕、惩办了鳌拜集团的一批首恶分子。在处理鳌拜的同党时，康熙也没有感情用事，而是从朝廷的稳定大局着想，有力又有度，既清除了鳌拜的势力，又没有影响大局的稳定。

在索额图帮助下，16岁的康熙凭借过人的机敏、沉着、果敢和智慧，经过周密计划，一举粉碎了鳌拜反动集团，并采取了一系列的重要措施，肃清了鳌拜的恶劣影响，初步澄清了吏治，消除了封建中央政权内部的重大隐患。而且，铲除整拜的斗争也是康熙统治初期的一次重大政治事件，为以后消除三藩割据势力、维护国家统一等重大斗争创造了有利条件。

对康熙的少年老成、聪敏机智，法国人白晋后来说得好：

"这位皇帝虽然年轻，但在治理和决策方面所做的一切却已经像一位老练的皇帝了。"

从此，康熙亲理朝政，事必躬亲，不敢稍自暇逸。他说：

"天下大小事务，皆联一人亲理，无可旁贷。若将要务分任于人则断不可行。所以，无论巨细，朕必躬自断制。"

第四章　经筵日讲

国家用人，当以德为本，才艺为末。

——（清）康熙

（一）

　　为害朝政数年、朝臣人人侧目的鳌拜集团在短短十余天内便被清除了，年轻的康熙帝不动声色，从容不迫，将这件事处理得有节有度，充分显示了他的聪明和大智大勇。

　　鳌拜集团的垮台，也一扫朝臣以往的忧虑情绪。朝臣们也在这一重大政治事件中，真正感觉到了这位小皇帝看似稚嫩而其实却透射着的成熟和沉静中的老练。在随之而来的一系列国事处理中，朝臣们也更加看到了大清王朝的希望。

　　在童年时期，康熙不受重视；即位之初，又因四辅臣专权，一直没有受到正规的教育。因此，在亲政以后，尤其是在清除鳌拜集团之后，文化知识和理政实际需要之间的矛盾十分突出。

　　为了实现"天下乂安"的宏伟抱负，清除鳌拜集团之后不久，在处理繁忙政务的同时，康熙便开始发愤学习，从而想将自己塑造成为一个极有作为的君主。

在康熙发愤学习的早期阶段，经筵、日讲是一个主要的学习方式。作为中国封建社会君主自我教育的两种基本方式，经筵和日讲的主要内容是被尊为经典的几部儒家书籍和有关历代王朝兴废陵替的一些历史著作。

由于这些书籍的作者或传授者都是儒家阵营当中的一些最为杰出的思想家，因此其中所阐发的治世思想，对于封建君主施政有着普遍的指导意义。

正因为如此，封建统治者经过长期的选择，将其确定为社会的正统思想。宋朝以后，又将其作为帝王自我教育的主要教材。至于有关历代王朝兴废的历史著作，则更为封建君主临政治国所必需。因此，凡是具有政治责任心的君主，无不对其加以重视，并将其作为自我教育的重要内容。

在中国封建社会中，一些封建君主即曾通过努力学习儒家经典和历史著作，并将之用于实际政治而获得成功，成为千古称颂的明君。可见，学习儒家经典和历史著作，对于帝王掌握治国理论、治国谋略及世道治乱都有着重要的意义。

早在康熙以前，作为一个新兴的封建政权，清朝统治者便注重学习儒家经典和历史著作。入关前，清太宗皇太极曾先后设立文馆、内三院等，主要致力于儒家经典和历史著作的翻译、学习和应用。入关以后，多尔衮和顺治帝也相继对之表示重视。

康熙八年五月，康熙经过周密的布置，一举剪除了专权擅政达8年之久的鳌拜集团，全面控制了中央政权。为了能够真正挑起管理国家事务的重任，学习儒家经典和历史知识以取得治国经验刻不容缓。

因此，康熙九年（1670）十月，康熙诏令礼部为经筵和日讲作准备工作。几天之后，礼部遵旨议复，经筵、日讲均照顺治十四年例，于次年开始举行。在此同时，根据康熙的御旨，选拔讲官、撰拟讲章等项也在积极准备之中。

康熙十年（1671）二月，经康熙批准，首先任命了一批通熟儒家经典和各种历史知识的满汉官员担任经筵讲官。在他们之下，又从翰林院选出10人担任日讲官员。当年二月，首开经筵。四月，初行日讲。这样，在清除鳌拜集团之后不到两年，康熙便开始了自己的经筵、日讲活动。

（二）

为能从儒家经典和历史著作中汲取营养，学习传统的治国理论和治国谋略，康熙从一开始就对经筵、日讲极为重视。

首先是热情主动，持之以恒。长期以来，对于经筵、日讲，历代帝王多持敷衍态度。对于其中的经筵，也由于各种礼仪活动而不得不参加；对于日讲，因由君主视政事之忙闲自行决定而百般推托。偶尔有个别君主一生之中进行几次日讲，便被史臣朔为盛事。

而康熙却一反历代君主之所为，就经筵而言，自康熙十年二月至其去世，半个世纪的时间里，除因巡幸、出征偶未举行之外，其余时间从未停止；就日讲而言，虽然这一活动开始不久便已在数量上超过了历代君主，但康熙却仍然只嫌其少，不嫌其多。为了争取更多的学习时间，他一再要求打破惯例，增加日讲的次数。

刚开始时，日讲是隔日进行的，两年后康熙提出：

"向来隔日进讲，朕心犹为未足，嗣后尔等须日侍讲读。"

其次是认真踏实，重视质量。日讲之初，康熙的态度就极为认真。每次日讲之后，"还再三阅绎，即心有所得，犹必考正于人，务期道理明彻乃止"。对此，康熙说：

"人群学习，如不认真领会，讲官进讲之后，就扔在脖子后面，那

29

是徒慕虚名，不能真实受益。你们进讲之后，我大都再读三两遍，一直到彻底明白方才罢休。"

这些，足可看出康熙早年讲课后用力之勤。

后来，随着文化知识水平的提高，康熙又给自己提出更高的要求。康熙十四年（1675）四月，他谕示讲官：

"以后进讲之时，讲官讲过后，再由朕加以复讲。如此互相讨论，方可真正学到知识。"

到康熙十六年（1677）四月，有一次讲官喇沙里刚打开书本，康熙便提出：

"朕先亲讲一次，然后进讲。"

这样一来，便彻底改变了传统的经筵讲经方式。

再次是坚持不懈，学不间断。平三藩战事紧张之际，康熙仍不间断，"每日进讲如常"。康熙十二年（1673）夏至，按规定应暂停日讲，但康熙却说：

"学问之道，必无间断，方有裨益。"

到了大暑，讲官请旨说：

"皇上勤学如此，虽古帝王未之多见，但今值炎暑，且皇上日理万机，恐圣躬过劳，谨遵前旨奏请。"

但康熙认为，每天"御讲席，殊不觉劳"。讲官不在，自己在"宫中亦不时温习，未有间断"。他本来不想停讲，但"今既溽暑，姑停数日"，因此要求讲官每天的"讲章仍照常进呈，以便朝夕玩阅"。针对议官进讲的情况，康熙还告诫称：

"嗣后经筵讲章，称颂之处，不得过为溢辞，但取切要，有裨实学。"

此外，为了使日讲内容与实际政治联系更加密切，康熙还主动要求增加新的讲授内容。如康熙十五年（1676）十月，他向讲官提出：

"每观《通鉴》，事关前代得失，甚有裨于治道，应与'四书'参讲。作何拣择，撰拟讲章进讲，尔等议奏。"

考虑到《资治通鉴》一书部头巨大，讲官提出，朱熹所作《通鉴纲目》一书，内容本乎《资治通鉴》，且又"提纲分目，尤得要领"，"拟从《纲目》中择切要事实进讲。讲章体裁，首列纲，次列目，每条之后，总括大义，撰为讲说。先儒论断可采者，亦酌量附入"。

从此以后，学习与实际政治密切相关的历史知识也成为康熙日讲的重要内容。

不久，因《通鉴纲目》一书过于简单，不能满足康熙的学习需要，根据他的指示，从康熙十九年（1680）四月起，讲官又将《周易》和《资治通鉴》参讲，一直到康熙二十三年（1684），从未中止。

与此相一致，结合各种历史经验教训，如外戚专权、母后临朝、权臣专制、宦官乱政、藩镇割据、异族入侵、人民起义等日讲内容，康熙发表了更多的议论。所有这些，都对康熙的思想及其施政产生了十分重要的影响。

康熙倾心向学、刻苦努力的精神令讲官们十分感动，甚至惊叹，认为他是古今帝王中无可匹敌的。在以后执政的数十年中，除因重大斋戒典礼节庆、巡幸出征等事偶有暂停外，康熙在繁忙的政务之余仍然孜孜不倦、持之以恒地进行学习。他就像一个历尽艰辛，终于寻找到热望已久的宝藏的掘宝人一样，怀着激动的心情，不遗余力地在千古智慧的宝库中搜求。

（三）

在日讲之外，为了取得治理国家所必需的知识，康熙还坚持自学。自学过程中，他刻苦勤奋。据康熙后来回忆道：

"十七八岁时，更热爱学习。每天五更时分，即起床读书；傍晚刚将国务处理完，又开始学习，以致劳累过度，痰中带血，也不停止学习。"

康熙十六年（1677）十一月，他专选张英、高士奇等人入值南书房，辅导自己学习《春秋》《礼记》《通鉴》等书，并同时学习书法、诗词等。

为了督促自己自学，康熙还在座右铭中自箴：

"无一日不写字，无一日不看书，义理自然贯通。若划地自限，岂登高行远之意哉。"

利用自学，至康熙二十四年（1685）时，康熙已经系统地精读了对治理天下尤为重要的《通鉴》《通鉴纲目》《纲目大全》等书，"不但错误者悉加改正，即阙漏者也都予以增补"。

随着自学能力的提高和年龄的增长，康熙逐渐感到，日讲已成为影响他自学的一种形式。因此，在康熙二十五年（1686）四月，他下令停止日讲。

至此，除经筵因系典礼仍按期举行外，坚持了15年之久的日讲活动停止下来。从此，康熙开始了以自学为主的新的学习阶段。

康熙读书的自觉性和动力源于他对儒家典籍有益身心、有资治道的深刻认识。20岁时，康熙在与讲官们的对话就已清楚地表达了这种认识。他说：

"学问之道，在于实心研索，使视为故事，讲毕即置之度外，是徒务虚名，于身心何益？朕于诸臣进讲后，每再三细绎，即心有所得。尤必考证于人，务求道理明彻乃止。至德政之暇，无间寒暑，惟有读书作字而已。"

康熙所谓"作字"，指的是书法。康熙自小便养成了爱好书法的习馈，非常喜欢董其昌的行书，后来又对米芾的字发生兴趣，临摹习仿，写成一手猷劲有力、飘逸舒展的好字。

说完上面的话后，康熙随手写下一行字，给讲官们传看，并接着说：

"人君之学不在此，朕非专攻书法，但暇时游情翰墨耳。"

随后，他又对讲官熊赐履说：

"朕观尔等所撰讲章，较张居正《良解》更为切要。"

熊赐履回答说：

"臣等章句小儒，不过敷陈文义。至于明理会心，见诸日用，则在皇上自得之也。"

康熙对此颇为赞同，便进一步阐明自己的意思说：

"讲明道理，乃为学切要工夫。修己治人，方有主宰。若末明理，一切事务，于何取则？"

又说：

"学问之道，毕竟以正心为本。"

熊赐履见康熙帝有如此深刻的领悟，不由称赞说：

"圣汤及此，得千古圣学心传矣。"

康熙说：

"人心至灵，出入无乡，一刻不亲书册、此心未免旁骛。朕在宫中手不释卷，正为此也。"

随后，康熙又写下《读书贵有恒论》一文，勉励自己不自欺，切戒始勤而终惰，不能坚持经常。其中有言：

"人之为学，非好之笃嗜之深，其势必不能以持久！"

因此，康熙表示自己准备"无论细旒广厦，讽咏古训，日与讲臣共之。即至銮车帐殿之间，罔废图史，寻味讨论，弗敢畏其艰深而阻焉，弗敢骛于外物而迁焉，盖初终如一日也"。

康熙是这样写的，也是这样要求自己的。他知道自己是一个统治者，更清楚地知道自己是一个被文化发达的大汉民族视为野蛮的"异族"统治者。他要用自己的行为和实际能力来证明自己不仅是一个皇帝，还是一个称职的皇帝，更是一个超越前古诸多帝王的皇帝。

后来的事实也证明，康熙的成功恰在于此。他从一个深宫诞育的皇子，成长为一个奋发有为的君主，恰恰得益于读书学习的"作育之功"甚多。

也正是深受数千年中原王朝治国经验的熏陶，在康熙手中，清政权终于从马上打天下的武夫姿态改变了形象，开始了以文治天下的辉煌历程。

第五章　御门听政

凡理大小事务，皆当一体留心。古人所谓防微杜渐者，以
事虽小而不防之，则必渐大；渐而不止，必至于不可杜也。

——（清）康熙

（一）

早在康熙六年（1667）七月，康熙亲政之初，就开始御门听政。康熙八年（1669）五月清除鳌拜集团后，康熙掌握了国家的全部政权。为将国家治理纳入正轨，康熙便以御门听政为主要方式，以其全副身心投入到国家事务之中。通过这些活动，也令整个国家由乱入治，由危转安，清朝统治也逐渐进入一个健康发展的新时期。

所谓御门听政，就是皇帝亲自到宫中的一定场所，聆听各部院大臣启奏本部院要政，提出垂询和裁决争议，与大学士、学士一起讨论呈上的折本，发布谕旨，对重要的国事进行决策等。

最初，康熙御门听政的场所是乾清门。后来根据具体情况和季节变化，乾清宫东暖阁、懋勤殿、瀛台勤政殿及畅春园产澹宁居、南苑东宫前殿等，也都分别成为康熙御门听政的场所。

据《清圣祖实录》的有关记载，康熙对御门听政制度坚持得非常严

格，日以为常，风雨无误，每日都是"未明求衣，辨色视朝"。春夏早六时、秋冬早七时，必亲至御乾清门听理朝政。

平定三藩之乱以前，国家军务繁重，局势不稳，康熙"昧爽视事，惟恐有怠军务，孜孜不遑"，听政时间始于每日黎明，结束于辰时之前。以治国兴邦为己任的康熙每日未明求衣，辨色视朝，于凌晨赴乾清门听取部院各衙门官员面奏政事，颁发谕旨，"盛暑祁寒未曾稍辍"。

每逢另有祭祀或其他活动时，康熙更是将时间提早，但御门听政却并不推迟。他或前往中和殿"视亨太庙祝版"，或在太和殿视朝，接见朝觐内外大臣，往往安排于凌晨，以不影响准时赴乾清门听政。

御门听政不是图形式、走过场，其认真程度，就连大臣们都自叹不如。对于各部送上来的奏章，康熙一定要亲自御览。很多官员认为皇帝肯定不会字字细读，因此书写时经常疏忽。但康熙连奏章中的错别字都能发现，并且加以改正；翻译不够通顺的，他也亲自加以删改，让大臣们看了十分汗颜。

军务紧张时，每天的奏章就有三四百件之多；即使通常情况下，也有四五十件。不论多少，康熙都亲自批阅。因为亲自动手，他才能洞察其中的弊端，随时加以纠正，这对于扭转一些不良风气起到了很大的作用。

通过御门听政，康熙也抵制了鳌拜等权臣专断朝政的图谋，为铲除鳌拜创造了条件。有一次，鳌拜擅自更改已经发抄的红本，被大学士冯溥弹劾，康熙因此而毫不留情地批评了鳌拜。鳌拜虽然心有不甘，但在朝堂之上，也不敢公然对抗皇帝。而康熙也通过这些行动，逐渐在朝中树立起了自己的威信。

从亲政之日起，到去世前的半个多世纪时间里，除因生病、三大节日、重要祭祀之日、祖先忌辰及宫中遭遇丧葬变故，康熙不得不暂停御门听政外，其一生中的其他时间几乎没有一天不坚持听政的。

因此，虽然御门听政并非康熙独创的君王理政形式，但在中国古代历史上，像康熙这样将御门听政定为常制、注重实效、不搞形式主义、数十年坚持不辍的皇帝，实在是屈指可数，明、清以来更是绝无仅有。

当然，康熙也利用御门听政之机，解决了大量的实际问题，大大提高了行政效率。

（二）

康熙的御门听政形成了清朝中期以前严格有序的宫廷早朝制度。在康熙的一生当中，他不仅自己多年坚持"昧爽视事，无有虚日"，对早朝官员的要求亦十分严格，还亲自规定了早朝制度：

"满汉大小官员，除有事故外，凡遇启奏事宜；俱着一同启奏。其无启奏各衙门官员，亦著每日黎明，齐集午门前，俟启奏毕同散。都察院堂官及科道官员，无常奏事宜，俱著每日黎明齐集午门。查满汉部员、官员有怠惰规避者，即行题参。"

同时还称：

"官员无故不到者，皆罚俸一月，诈称上朝者，罚俸一年。"

由于每日御门听政的时间过早，大多数朝臣都难以适应，遇风寒雨雪、远道或年老体弱者更是深感不便。为此，大臣们多次提出"分启奏之班，停齐集之例"的陈请，一些大臣甚至建议仿效先制，将御门改为三日或五日一次，并将时间推迟，认为"自古君王从无每日亲御听政，即使定期视朝，也未如此早的"。

但在平定三藩之乱前，康熙不为所动，不仅始终坚持惯例，而且还与大臣们的要求相反，有时还为政务所迫，一日两次御门，会议紧急政务，召见封疆大吏，或颁布重要谕旨。他甚至要求改每日一次听政制度为"九卿诸臣一日两至乾清门，有应商议之政，以便咨询"，最后在内阁大学士、九卿的一致反对下，才只得作罢。

随着三藩之乱被平息，军务稍事减缓，长期紧张的政治局势也得到了初步改善，在大臣们的请求下，康熙二十一年（1682）九月，康熙决定对黎明进奏时间稍作变更，将御门听政与经筵日讲时间调换，"每日御朝听政，春夏以辰初刻，秋冬以辰正初刻为期"，以减轻"庶僚早起风寒之累"。

同时，康熙还决定减免年力衰迈、身患疾病官员入奏，但同时强调："九卿、詹事、科道、原系会议官员，仍每日于启奏时齐集午门。"

从此，辰时听政便成为清朝皇帝的基本御门时间。

经过康熙初年的朝中内乱，青年时期的康熙也深知勤理朝政的重要性。康熙二十三年（1684）正月，他拒绝了大臣关于减少御门的建议，严肃谕曰：

"致治之道，务在精勤，励始图终，勿宜有间。……若必定三日、五日，以为奏事常期，非联始终励精之意也。"

而且，每逢政务紧迫，年节也会被谈化，甚至临时改变年终封印日期。

康熙十八年（1679），全国地震、旱灾严重，康熙每日御门听取各地官吏奏报，下旨紧急赈济，同时严敕各地官吏全力救灾。整个十二月，康熙十数次于听政时商研赈灾事宜。虽依旧例已于十七日封印，但康熙照常御门，并曰：

"今虽封印，若言官有事条陈，仍听来奏。"

至腊月三十日，康熙仍然御门未停。大学土徐元文等见状，纷纷上奏请：

"上因直隶一隅睿念焦劳，未尝少释。虽当岁末，日亲政事无异平时。臣等皆悚惧不宁……臣等以明日元旦，其疏今晚始停送进。"

康熙皇帝则答曰：

"仍照常送进。"

御门听政是康熙亲政后为建立新的朝政秩序而实行的一套严格、完整的君臣理政制度，正如他所自陈：

"朕自御极以来，日夜孜孜，以乂安生民为念。……朕自幼读书，览古人君行事，始终一辙者甚少，常以为戒，惟恐几务或旷，鲜克有终。以故宵衣旰食祁寒盛夏，不敢稍间。"

康熙数十年"躬亲庶政，宵旰弗遑"的作风，证明了他建立强大的满清王朝的决心与能力，从而深得朝野敬佩，也为日后"康乾盛世"的出现奠定了坚实的基础。

（三）

作为康熙长期坚持的一种处理政务的主要方式，御门听政对于康熙时期清朝政局的发展发挥了重要作用。从清除鳌拜集团到平定三藩之乱，十数年的时间中，清朝局势一直十分严峻。

当时，以吴三桂为首的三藩叛乱集团盘踞在南疆称兵作乱；东南沿海，又有郑成功遣部割据台、彭、金、夏，对抗清廷；西北地区，准噶尔汗噶尔丹不断向东扩张，严重威胁着清朝政权；北方，沙俄势力也不断向黑龙江流域发动侵略。

多难兴邦，面对内忧外患，康熙充分利用了御门听政，使得朝廷上下协调一致，克服了一个又一个困难，战胜了一个又一个对手。通过御门听政，以康熙为代表的清朝中央集权统治也进一步得到巩固。可以说，御门听政是康熙维护国家统一、发展社会经济、安定民心、整顿吏治的重要保证。

御门听政也是康熙了解各地民情、颁发诏谕、及时处理灾情的重要场所。康熙亲政初期，全国灾害频仍，生产凋敝，残破的经济严重威胁着政局的稳定。在执政的数十年中，这位君主谨记"前史之乱起于饥"的历史教训，指出：

"百姓足，君孰与不足；百姓不足，君孰与足。此古今不易之理。"

因而，他将蠲租贩贷、抚民救灾视为稳定统治和争得民心的要政。

无论王公大臣或六部官员，凡奉差外出归来朝奏，康熙多向其问及沿途田禾生长、米价涨落、地方被灾及当地官府赈灾情况。入京奏报的各地方官员也必须能够详细地奏报当地岁收丰歉、农民疾苦、赋役交纳等情形。

康熙十八年至二十年间，北方各地遭受严重旱灾，询问灾情、商讨对策就是康熙当时御门听政的最重要内容之一。其中，对饥民安置、疾疫救治、清理冤狱等事关民生的问题，康熙多次命大学士会同各部院详议，"各抒己见，一并奏议"。

众多京官被差往各地赈灾，康熙都会严加敕谕，并责令制定散赈条规，"务期贫人均沾实惠，毋受豪强嘱托，致有冒滥偏枯"。

治理黄河亦是御门听政的一个重要内容。听政中，在任用官吏、征民筹款、确定治理方案等细节问题上，康熙经常会与九卿出现争执，但最终都能达成较为一致的意见。

由于康熙充分利用御门听政公开处理河务，不仅他的一系列治河方略和重要决策得以及时、充分地实行，同时也避免了一些重大性失误，从而彻底改变了清初以来河害肆虐、经济萧条、人民流离的状况，出现了"四十年安澜"的局面。

此外，整顿朝纲也是康熙御门听政的一个重要内容。亲政以后，康熙就特别注重严厉整顿吏治，首先对朝中风气及时纠正。对启奏官员，康熙要求其"立志尽职"，"凡有所见，即在朕前直陈无隐"。

为整饬吏治，纠正政风，康熙还坚持将兴廉惩贪作为听政的一项长期内容。康熙十九年（1680）五月十五日，他一日三御乾清门，会集部院官吏，检省政务，整顿朝风，并颁发重要诏谕：

"朝廷致治，惟在端本澄源，臣子服官，首宜奉公杜弊，大臣为小臣之表率，京官为外史之观型。大法则小廉，源清则流洁。……大臣果能精白乃心，格遵法纪，勤修职业，公而忘私，小臣自有所顾畏不敢妄行。……在外督抚各官，自应慎守功令，洁己爱民。"

对于外省新任督抚，康熙也每借听政加以告诫，"凡外任官员，不受贿赂者绝少，理应稍知厌足"，要求其到任后"洁己奉公"，"小心办事"，"爱恤兵民"，"不可徇私偏听专信"。

与此同时，对贪赃枉法、纵容犯罪、民愤甚重的官吏，康熙也采取了坚决制裁、严惩不贷的措施，并在敕修《大清会典》中将"贪酷"列为考核官吏之旨项。值得注意的是，他亲自处置的贪酷之官中，不乏身居高位的满族大臣。

康熙在生病期间，暂停御门听政，但各部院官员仍然全部赶到帝前请安，让康熙十分感动。他动情地说：

"君臣谊均一体，分势虽悬，而情意不隔。"

在御门听政中，康熙孜孜不倦、勤勉高效的治国态度，大大增强了官员们的向心力，从而极大地强化了他的权力，使他的统治也得到了空前的巩固。

有一次，康熙出外巡察，在巡察路上发现有个人卧倒在路旁。按正常情况，阻拦圣驾是要被严加处理的。但康熙并没有马上处置，而是让侍卫将卧倒之人推醒，问他叫什么名字？这人说他叫王四海，是个佣工，今天是出来打工的，但在回家路上饥晕了。康熙不但没有惩治王四海的挡驾之罪，还让侍卫马上热粥喂给他吃。王四海喝了热粥后，渐渐清醒过来。康熙见王四海生活艰难，便给了他一些银两，让他返回老家去了。从这个小故事中，可以看出康熙身为皇帝，身为天下的共主，的确具有一种仁爱的精神。

第六章　改革朝纲

凡人进德修业，事事从读书起。多读书则嗜欲淡，嗜欲淡
则费用省，费用省则营求少，营求少则立品高。

——（清）康熙

（一）

纵观几千年的中国历史，强盛时期往往都是君主能够操控全局的
时期。这些英明有为的君主，都十分善于集权，也善于用权，能够集
中力量办大事，国家也因此而富强。反之，当权臣当道、官僚体制腐
败时，君主的实际权力被分散，被他人滥用，结果自然是政治腐败，
经济衰退，王朝趋于没落。

康熙亲政后，借鉴了历史上的经验教训，在统治初期就积极加强
自己掌权的力度，严格控制官僚系统，为日后康乾盛世的出现创造了
有利条件。

清朝初期，康熙主要面临的是满洲贵族势力的阻碍。毕竟大清王
朝是由满族建立的，因此在最初的几十年间，清廷都带有浓厚的贵族
色彩，君主权力受到一定程度的制约。在中央，对君主决策权力制约
最大的，就是八旗诸王及议政王大臣会议。

议政王大臣会议是在努尔哈赤建立后金政权后所创立的亲信重臣与宗室贵族共同议政体制的基础上发展起来的。在刚刚起兵初期，努尔哈赤便指定五位大臣理政听讼，处理有关政务。这五位大臣就被称为"议政五大臣"。此外，还有另外十位大臣辅佐五大臣处理国事。

随着努尔哈赤诸子的逐渐长大，他们也陆续成为专主一旗或专主若干牛录的贝勒、台吉。这些王子、贝勒等开始与五大臣共议国政。

后金政权建立后，逐渐形成了四大贝勒议政的制度，五大臣也渐渐被八大臣所代替。天命七年（1622），努尔哈赤明确下令，封八位皇子为和硕贝勒，共议国政。第二年，又设八大臣为副，筹划军事成败，审议军事得失。

这样一来，八位大臣和八位贝勒就在很多事情上有了决策权，不仅能够监督皇帝，甚至可以决定皇帝的废立。

皇太极继位后，为集中权力，开始有计划地削弱议政大臣的权力。他沿用明朝时期的制度，陆续设立了六部、理藩院、都察院及内三院等机构，取代了议政王大臣会议的一些职权。

到多尔衮摄政时，他独揽大权，排斥、削夺诸王权势，议政王大臣会议也逐渐被架空。

但到顺治亲政后，为对付多尔衮，又恢复了诸王的权势，增加了议政王贝勒大臣的人数。比如在顺治八年至十二年，顺治帝就任命了30多位议政大臣。

然而，此时议政王大臣会议的权势也得到了膨胀，甚至敢当庭直接否定皇帝的旨意，史书称其为"国议"。据记载，"清朝大事，诸王大臣会议既定，虽至尊无如之何"，"六部事，俱议政王口定"。

可以说，这个时候的议政王大臣会议权力已经达到了巅峰。

（二）

康熙继位后，由于年幼，不能亲理政事，便由四位大臣辅政。结果，四大辅臣的权势超过了议政诸王，甚至能够决定诸王的继承与升迁。这样一来，诸王、贝勒都对四大辅臣惟命是从，不敢反抗。康熙初年的鳌拜专权，很大程度上就是通过控制议政王大臣会议来实现的。

康熙六年（1667），鳌拜通过议政王大臣会议处死了另一位辅政大臣苏克萨哈。康熙虽然强烈反对，但于事无补，苏克萨哈依然被处死了。

康熙深感四大辅臣权势膨胀所带来的严重后果，于是在铲除鳌拜后，便开始着手整顿议政王大臣会议。

他首先通过设立南书房、内阁等机构，来逐渐分散议政王大臣会议的职能，同时还削减人数，削弱议政王大臣会议的实力。

康熙八年（1669）八月，康熙还下令：

"诸王贝勒之长史、闲散议政大臣，俱著停其议政。以后凡会议时，诸王、大臣，务须慎密，勿致泄漏。"

此后，康熙又逐渐裁减了议政王贝勒的人数。

康熙十二年（1673），三藩之乱爆发，这实际也成为一次对领军将领的严峻考验。多年来，诸王、贝勒都养尊处优惯了，缺乏领导才能和指挥才干，因此在平定三藩过程中也暴露出很多不足。对此，康熙认为，只有其中的少数人"尽心王事，已著劳绩"，大多数表现都不好。

于是，康熙命议政王大臣等举太祖、太宗军法，陆续"严行议罪"。自从康熙十六年（1677）二月至康熙二十一年（1682）十二月，八名出征的王、贝勒当中，有五名被削爵，罢黜议政权，解除宗人府职位。这是康熙亲政后对满洲贵族的一次较大打击。

康熙二十年（1681）八月，康熙再次下令，罢免了和硕亲王博果铎的议政权力。康熙二十四年（1685）五月，由于亲王岳乐隐藏一位蒙古喇嘛，经宗人府等衙门议奏，康熙革去其议政及掌宗人府事。康熙二十九年（1690）十一月，因乌兰布通之战的失败，又罢黜大将军、裕亲王福全和恭亲王常宁的议政职权。

至此，原有的议政宗室王、贝勒中，就只剩下康亲王杰书一人了。康熙三十六年（1697），杰书死后，至康熙朝终，清廷事实上已经没有了议政王。所以，《清圣祖实录》中只称议政大臣会议，而不再提议政王大臣会议。

由议政王大臣会议到议政大臣会议的转变，实际上也是康熙削弱特权、集中皇权的一个重要标志。这种转变不仅表现在人数和身份上，其议政方式也发生了根本性的变化。

比如，议政大臣的人数此后由康熙根据实际需要来进行增减，而且基本限制在六部及理藩院满尚书、都察院满左都御史、领侍卫内大臣及八旗满洲都统的范围之内。

议政的程序也发生了变化，通常该由皇帝决定该议之事，大学士于议政大臣会议传达谕旨，令其议奏。议奏返回后，大学士于皇帝前往乾清门听政时，再面奏请旨，最后由皇帝进行裁决。

这样一来，康熙便严格地控制了议政的内容，从而使议政大臣会议真正成为自己掌控之下的一个普通的议政机构。

（三）

在其他方面，康熙也积极削弱诸王的特权。由于诸王都是八旗的旗主，具有一定的实权。康熙既要维护八旗的战斗力，又要强化自己的权力，因此，他将主要目标放在皇帝不能直接掌控的下五旗上，采取了一系列有效的措施。

首先，康熙严禁诸王利用特权垄断贸易。在八旗内部，有着浓厚的主仆关系，很多旗下的奴仆经常打着主人的旗号，到处为非作歹。

针对这种情况，康熙采取了严厉的措施，下令：凡是有此类事件发生的，"在原犯事处立斩示众，该管官革职"；宗室公以上、王以下家人，则分别罚银七百两至一万两不等，并交宗人府从重议处，其家务官都要革职处理。如果地方文武官员不行查办，也一律革职。

其次，康熙严禁诸王及旗下大臣勒索官员及干预地方事务。在满族内部，主仆关系通常都是终身的。即便是朝廷任命旗下的人为官，其对原来的旗主也依然是仆人。

为了防止诸王、旗主利用这种关系控制地方，康熙特下令，要"严拿具奏，将主使之人究出，从重治罪"。

康熙十九年（1680）十月，康熙又下令吏、兵、刑三部会同都察院会议制定《旗下人处境处分则例》，其中规定：

> 旗人私往外省地方，借端挟诈，嘱托行私，犯扰小民等弊者，系平民，枷号三月，鞭一百；系官，革职，鞭一百，不准折赎。失察之佐领罚俸三月，骁骑校罚俸六月。其差遣家仆之人系闲人鞭一百，系官革职。差去之仆，枷号一月，鞭一百。

第三，康熙议处犯罪诸王，削爵。在平定三藩之乱期间，很多亲王、贝勒有的"观望逗留，不思振旅遄进"，有的"干预公事，挟制有司，贪冒货贿，占踞利薮"，还有的"购女邻疆，顾恋私家"。对于这些行为，康熙都借机削爵。

第四，康熙重新制定了宗室王公袭爵法。清朝初年，为了优宠功臣，王以下、奉恩将军以上之子，年至十五，一概予以封爵。

然而，随着国家渐趋安定，这些袭爵的人不但没有临阵经验，还养成了骄纵习气。康熙认为，这样不但起不到激励作用，反而更加不利于培养人才，因此在康熙二十七年（1688）二月，他命议政王贝勒大臣等议决改革方法，最后制定了新的袭爵制度：亲王以下、奉恩将军以上之子，"年至二十，辨其文艺、射骑之优者，列名引见，请旨授封。惟亲王以下、奉恩将军以上有薨逝者，即准一子袭爵，不俟岁满"。

通过实施这一制度，康熙取消了宗室王公原有的袭爵特权，从而将决定其袭封的权力收归自己手中。

另外，为了平抑诸王特权，康熙还改变了以往"军功勋旧诸王"统兵征伐的惯例，委任皇亲出征，从而大大削弱了旗主王、贝勒的权力，加强了皇室对军队的直接控制权。

一棵树的枝叶过于茂密，就必然会威胁到主干。清代初年的几次大动荡，都与此有关。对此，康熙看得十分清楚。他说：

"天下大权，当统于一。……今天下大小事务，皆朕一人亲理，无可旁贷。若将要务分任于人，则断不可行。所以无论巨细，朕必躬自断制，早夜焦劳，而心血因之日耗也。"

康熙所要建立的，就是一个君主集权的政治体制，无论是何种力量，只要受制于君主，就不能威胁到皇权。这也是保证天下安定、避免内乱爆发的一个大前提。

通过一系列的改革措施，康熙削夺了八旗诸王的权力，实现了天下大权统于一身的君主专制，从而令大清王朝的统治自他以后，皇权得到了真正的巩固。

第七章　藩乱前兆

> 从来有生知、有学知、有困知，及其成功，则一未有。
> 下学既久，而不可以上达者，但功夫不可躐等而进，尤不可
> 半途而废。
>
> ——（清）康熙

（一）

在收回朝中大权后，康熙依然面临着一个严峻的问题，那就是三藩。于是，一场生死搏斗再次摆在年方弱冠、稚气未脱的康熙皇帝面前。

所谓三藩，是明末农民战争时期，由投降清朝的汉族大官僚所组成的地方割据势力。他们曾伙同清朝统治者一起镇压了农民革命，因而被清朝封为藩王，割据一方。

三藩的首领分别吴三桂、尚可喜和耿精忠。顺治年间，清政府利用这三位明末降将消灭了李自成、张献忠的农民起义军和南明王朝后，便封吴三桂为平西王，镇守云贵；封耿仲明及其子耿继茂为靖南王，耿仲明与耿继茂死后，由耿继茂之子耿精忠世袭为靖南王，镇守福建；封尚可喜为平南王，镇守广东。他们都是靠镇压农民革命起家的刽子手，也是清朝初年破坏国家统一的三个分裂割据集团。

就实力而论，三藩之中，平西王吴三桂的兵力最强，威望最高，地位也最显贵。被封为平西王时，吴三桂45岁。在长期的政治、军事斗争中，他的个人利益已经与清廷融为一体，因此开始时清廷对他也是信任有加，放手使用。

顺治十六年（1659）十月，顺治帝还正式下令给予吴三桂以治理云南军政事务的广泛权力，并指示吏、兵二部：

"云南初定之时，凡该省文武官贤否、甄别举劾、民间利病、因革兴除及兵马钱粮一切事务，俱暂由该藩（指吴三桂）总管，奏请施行。"

同时，顺治帝还告诫内外各衙门不得掣肘，"庶责任既专，事权归一，文武同心，共图励策，事无遗误，地方早享升平，称朕戡乱柔远至意"。

这样一来，凡云南文武官员的任命、升迁和兵马粮草等一切事务，皆由吴三桂统管，吏、兵二部皆不得干预。吴三桂也据此督掌了云南的人事、民政、军事、钱粮等各项大权。只要是吴三桂提名任命的官员，吏部和兵部都要给予安排，授予官职，总督、巡抚皆不得干预。如此一来，吴三桂就真正成了云南的"土皇帝"。

在受命之初，吴三桂倒也不负清廷顺治皇帝的厚望，先后平定了几次土司叛乱。顺治十七年（1660）四月，他又上疏朝廷，请求进军缅甸，擒获永历皇帝，以绝后患。八月，顺治授内大臣爱星阿为定西将军，率部协同吴三桂征讨永历皇帝和明朝大将李定国。

经过一段时间的准备，顺治十八年九月，吴三桂与爱星阿两路大军向缅甸进发了。当时，李定国虽然有一定的实力，但永历皇帝已经落入缅甸人之手，吴三桂一路势如破竹，李定国连连失败。十一月，吴三桂与爱星阿会师于木邦。十二月，二人即从缅甸人手中擒获永历帝。

康熙元年（1662）四月二十一日，吴三桂下令将永历帝缢死于昆明城外的篦子坡，并杀掉明太子及华亭侯王维恭等数十人，南明政权彻底灭亡。

鉴于吴三桂平定南明有功，清廷又封吴三桂为晋爵亲王，吴三桂也成为清兵入关之后获此殊荣的第一个汉人。

康熙元年十二月，在吴三桂全权掌握云南后，清朝中央政府又将贵州交予他全权管理。辅政大臣以康熙皇帝的名义指示吏部和兵部说：

"贵州接址云南，皆系岩疆要地，且苗蛮杂居，与云南无二，其一切文武官员、兵民各项事务，俱照云南例，着平西王管理。"

这样一来，吴三桂掌管的地域就又多了一省。

与此同时，清廷对尚可喜和耿继茂亦有类似的谕旨。尚可喜在广东、耿继茂在福建也都掌握了当地的人事权、军权、财政权及地方上的各种权力。他们只对皇帝本人负责，任何地方官员不得干预。正是这些特权，为他们保持和日后发展个人势力创造了条件。

（二）

在多次征战过程中，吴三桂的势力越来越强大，四方精兵猛将多归其部下。他所领本部五十三佐领一万余甲，又有绿旗兵十营1.2万人，还有前、后、左、右抚剿四旗，总计兵力10万。另外，平南王尚可喜和靖南王耿继茂也各有八旗汉军十五佐领、绿旗兵六七千人。

如此一来，单是供奉三藩军队所需之粮饷开支，就为中央政府所力不能支。比如，顺治十七年，据户部奏称：合计天下正赋，止875万余两，而云南一省就需要900余万，"竭天下之正赋，不足供一省之用"。为此，在战争结束后，朝廷便多次计划裁减三藩军队，但三藩都多方寻找借口予以抵制，终未实现。

这样，三藩便逐渐拥兵自重，不但令中央政府承受着难以承受的财政压力，同时也对清政权的巩固和发展构成了严重威胁。

　　清政府曾允许三藩在其驻防地区有用人自由，但三藩却渐渐毫无顾忌，借机培植自己的势力，甚至直接干涉吏、兵二部之事。尤其是平西王吴三桂，气焰最为嚣张。康熙二年（1663），他甚至上疏请求在云贵两省的总督、巡抚敕书中撰入"听王节制"四个字，从而令自己的王权得到绝对的权威性，与清朝中央集权的政治体制发生了严重冲突。

　　一次，吴三桂从湖南、四川、北京等地选拔胡允等十人出任云南省从省到地方的各级官吏，引起了四川道御史杨素蕴的异议。杨素蕴遂上疏说：

　　"臣阅邸报，见平西王恭请升补一疏，以副使胡允等十员，俱拟升云南各道，并奉差部曹，亦在其内……臣感到不胜骇异。"

　　他还指出，以前之所谓"奉有吏、兵二部不得掣肘之旨"，选用人时，也仅以军前效力显著，或经略五省中"人地相宜"、资历与俸禄相当的酌量提奏，但从未听说从他省中提取完全不相干之人，以及调现任京官任职云南。

　　吴三桂见状，上疏与杨素蕴激烈辩论。清廷不敢直接开罪吴三桂，只好处罚杨素蕴，要将其降职他用。杨素蕴一气之下弃官回到陕西故里，从此闭门不出十余年。直到吴三桂叛乱后，他才重新被起用。

　　经过这次较量，吴三桂更加肆无忌惮。一方面，他将自己赏识的人都从外省调到云南，以充实自己军队的实力；同时，他又将自己的亲信派往他省任职。他甚至直接给吏、兵二部批文，令某某为某地官员，授某某为某参将、游击等。他还擅自擢黜本省官员，举荐京官，且任意指调他省官员升补滇、黔官缺。

　　后来，吏、兵二部干脆将云南的用人权全部交给了吴三桂，由他随意调遣。为此，当时人都将平西王吴三桂任意题补选任的官员称为"西选"。"西选之官几满天下"，并非夸张之语。

　　此外，三藩各霸一方，也就各占一方之利。尚可喜、耿继茂早在顺治七年时就攻占了广州。最初，二藩同驻一城，百姓深受其害。他们创设"总店"，征收苛捐杂税。"大自盐铁，小及鸡豚，城市乡村，列坐抽剥，有司莫能诘，百姓莫敢言"。对此，康熙曾十分不满地说：

"广东所有大市、小市之利，经藩下诸人霸占者无数。"

尚可喜还垄断了这里的对外贸易，并指示属下大搞走私，"其获利不赀，难以数计，然利入奸宄，国课全无"，"凡凿山开矿、煮海鬻盐，无不穷极其利"。

康熙十年（1671），耿继茂死，袭其爵位的长子耿精忠"横征盐课，擅设报船，苛派夫役，勒索银米"，无所不用其极，肆意搜刮，将各地的珍奇古玩搜罗到自己门下。

与平南王和靖南王相比，平西王吴三桂更是有过之而无不及。顺治末年，他刚刚率军进入昆明，就将明国公沐天波的700顷庄田据为己有，称为"藩庄"。

康熙六年（1667），吴三桂又借辅政大臣鳌拜圈地之机，以兵丁口粮不足，将云南府所辖州、县（昆明附近）的卫所公田尽行圈占，同时又招徕商旅，以藩本的方法控制商人，并严格规定辽东的人参、四川的黄连和附子等就地采运，由他控制官府专卖，违犯者处以死刑。

随着三藩势力的不断增长，三藩与清政府之间的矛盾也日益尖锐起来。就三藩而言，他们不仅要保持自己的特权，还要进一步扩大这种特权，并使这种特权能够世袭，以惠及自己的子孙后代；就中央政府而言，为了维护国家统一，对这种处于半割据状态的三藩也无法容忍，对三藩的军事、政治和经济实力不断增长的局面越发不放心。

早在康熙亲政之初，他便时刻注意着三藩的动向，并将三藩同河务、漕运列为三件大事，"夙夜廑念，曾书而悬之宫中柱上"。在他看来，三藩的势力已经即将超出清政府所能控制，因此，撤藩之举，势在必行。

（三）

随着形势的发展，清廷与三藩之间的矛盾日益尖锐。所以，康熙在清除鳌拜势力后，日夜思虑的就是撤藩问题。他说：

"死生常理，朕所不讳，惟天下大权，当统于一。"

因此，康熙密令各部院，加紧整顿财政，筹措经费，加强军队训练，提高京师八旗兵的战斗力等，做好应付撤藩后不利情况的准备工作，等待合适的时机。

康熙十二年（1673）春，平南王尚可喜因见儿子尚之信太过嚣张，为求明哲保身，便向康熙上疏，请求回辽东养老。同时，他还请求让其子尚之信袭封王爵，继续统兵镇守广东。

康熙接到奏报后，认为这是撤藩的大好时机，便于当年三月十二日下令，一方面肯定了尚可喜"欲归辽东，情辞恳切，能知大体"，同时又以"广东已经底定"为理由，以及不使尚可喜父子、官兵兄弟亲族分离，撤退全部王下官兵家口归辽东，其所属左右两营绿营官兵仍留广州，归广州提督管辖。

撤藩命令由钦差大臣于五月三日送到广州。尚可喜接到命令后，比较恭顺，随即便陆续上报起程日期及家口马匹的具体数目等。

然而，吴三桂和耿精忠在得知尚可喜主动上疏撤藩的消息时，大为震惊。为了试探朝廷对三藩的态度，吴三桂和耿精忠分别于七月三日和七月九日向朝廷呈送了要求撤藩的报告。对此，吴三桂的谋士刘玄初劝解地说：

"朝廷久欲撤藩，苦于没有借口，王爷这份奏书递上去，岂不是给了朝廷撤藩的借口？撤藩是铁定了，请王爷三思。"

而吴三桂却自作聪明地说：

"朝廷绝不会撤藩。我这样做，就是为了让皇上放心罢了。"

结果，这次吴三桂打错了算盘。康熙在接到吴三桂和耿精忠的上疏后，立即降旨称赞二王"请撤安插，恭谨可嘉"，并以云南、福建已经底定，同意将二藩撤离，并令议政王大臣合议。

对于吴三桂的撤藩问题，大臣们出现了不同的意见。明珠、莫洛、米思翰、塞克德图等人都力主撤藩，而索额图等则反对撤藩。

户部尚书米思翰说：

"云贵早已安定，吴三桂不宜继续再握重兵，长期驻扎，历史上藩镇久握重兵者，皆尾大不掉，于国家不利，此种教训不可不查。"

而大学士索额图和大多数朝臣则认为，撤藩必定会引起国家战乱，不如维持现状，对国家安定更为有利。

如果维持现状，不发生战乱，当然最好，但这种现状又能维持多久呢？靠拖延解决问题，日后付出的代价是否更大？

两方意见不能统一，最后只能由康熙决断。

对于这个问题，康熙也在反复思虑。他认为，"三桂等蓄谋久，不早除之，将养痈成患。今日撤亦反，不撤亦反，不若先发制之"。于是，康熙断然作出了全部撤藩的决定。

同年八月，康熙命礼部右侍郎哲尔肯和翰林院学士傅达礼前往云南、户部尚书梁清标前往广东、吏部右侍郎陈一炳前往福建，分别会同总督、巡抚、提督，处理各藩撤兵事宜。

康熙很清楚，这次前往云南去的使臣是要冒很大危险的，因此在他们启程之前，他特赐三人御用佩刀一口、良马两匹，以示关怀和重视，并壮其势力。同时，他还命三人将自己亲笔所写的诏谕带给吴三桂，对吴三桂进行耐心的劝说和警告。

吴三桂一向骄傲自负。当朝廷使臣来到云南时，他原本以为一定是康熙下诏挽留他的，没想到朝廷真的派使臣前来撤藩，命其将手中权力交予地方督抚。

接到康熙的诏谕后，吴三桂妄图永镇云南的幻想破灭了，因此"反谋欲急"，表面上对朝廷使臣十分尊重，表示会于十一月二十四日启程迁移，暗中却加紧了谋反的准备，派心腹将领扼守关隘，控制人员出入。

十一月二十一日，吴三桂集合部下官兵，当众杀掉了拒绝从叛的云南巡抚朱国治等，扣留了朝廷使臣哲尔肯、傅达礼，并自称天下兵马大元帅，蓄发换服，改穿汉服，一如明朝装饰，择吉日率领三军谒永历皇帝陵墓。旗帜也皆用白色，以第二年为周王元年，声称要为明室复仇而起兵反清。一批不愿跟从吴三桂反叛的官员，悉数被逮捕，其中包括云南按察使李兴元、云南知府高显辰、云南统同知刘昆等。

颇具讽刺意味的是，十几年前，正是这位平西王从缅甸人手中将永历帝俘获，也是他下令将这位南明最后一位皇帝缢死于篦子坡。而今，吴三桂摇身一变，又成了"反清复明"的"斗士"：一身明臣装束，头裹方巾，身着素服，脑后的发辫也已经剪掉，在永历帝的陵墓前亲自酹酒，三呼再拜，恸哭不已。哭声感染三军，三军同悲，声震如雷。持续8年之久的三藩叛乱终于爆发了。

第八章　三藩叛乱

为学之功不在日用之外，检身则谨言慎行，居家则事亲敬长，穷理则读书讲义。至近至易，即今便可用力；至急至切，即今便当用力。用一日之力，便有一日之效。至有所疑，寻人问难，则长进通达，自不可量。若即今全不用力，蹉过少壮时光，即使他日得圣贤而师之，亦未必能有益也。

　　　　　　　　　　　　　　　　　　——（清）康熙

（一）

在兴兵讨清之前，吴三桂还精心炮制了一篇《吴三桂奉天讨清檄文》。檄文是这样写的：

原镇守山海关总兵官、今奉旨总统天下水陆大师兴明讨虏大将军吴，檄告天下文武官吏军民人等知悉：

本镇叨明朝世爵，统镇山海关。一时李逆倡乱，聚贼百万，横行天下。旋寇京师，痛哉毅皇烈后之崩摧，惨矣！东宫定藩之颠踣，文武瓦解，六宫忝乱，宗庙瞬息丘墟，生灵流离涂炭，臣民侧目，莫可谁何。普天之下，竟无仗义兴师勤王讨贼，伤哉！国运夫曷可言？

本镇独居关外，矢尽兵穷，泪干有血，心痛无声，不得已歃血订盟，许虏藩封，暂借夷兵十万，身为前驱，斩将入关，李贼逃遁，痛心君父，重仇冤不共戴，誓必亲擒贼帅，斩首太庙，以谢先帝之灵。幸而贼遁兵消，渠魁授首，政（正）欲择立嗣君，更承宗社封藩，割地以谢夷人，不意狡虏遂再逆天背盟，乘我内虚，雄踞燕都，窃我先朝神器，变我中国冠裳，方知拒虎进狼之非，莫挽抱薪救火之悮（误）。本镇刺心呕血，追悔无及，将欲反戈北逐，扫荡腥气，适值周、田二皇亲，密会太监王奉抱先皇三太子，年甫三岁，刺股为记，寄命托孤，宗社是赖。姑饮泣隐忍，未敢轻举，以故避居穷壤，养晦待时，选将练兵，密图恢复，枕戈听漏，束马瞻星，磨砺竞惕者，盖三十年矣！

兹彼夷君无道，奸邪高涨；道义之儒，悉处下辽（僚），斗筲之辈，咸居显职。君昏臣暗，吏酷官贪，水惨山悲，妇号子泣，以至彗星流陨，天怨于上；山崩土震，地怨于下；官卖爵，仕怨于朝；苛政横征，民怨于乡；关税重征，商怨于涂；徭役频兴，工怨于肆。

本镇仰观俯察，正当伐暴救民，顺天应人之日也。爰率文武臣工，共勷义举，卜取甲寅年正月元旦寅刻，推奉三太子，郊天祭地，恭登大宝，建元周启，檄示布闻，告庙兴师，刻期进发。移会总统兵马上将耿（精忠）、招讨大将军总统使世子郑（经），调集水陆官兵三百六十万员，直捣燕山。长驱潞水，出铜驼于荆棘，奠玉灼于金汤，义旗一举，响应万方，大快臣民之心，共雪天人之愤。振我神武，剪彼嚣氛，宏启中兴之略；踊跃风雷，建划万全之策，啸歌雨露。倘能洞悉时宜，望风归顺，则草木不损，鸡犬无惊；敢有背顺从逆，恋目前之私恩，忘中原之故主，据险扼隘，抗我王师，即督铁骑，亲征蹈巢覆穴，老稚不留，男女皆诛；若有生儒，精谙兵法，奋拔岩谷，不妨献策军前，以佐股肱，自当量材优擢，无靳高爵厚封，其各省官员，果有洁己爱民、清廉素著者，仍单仕；所催征粮谷，封贮仓库，印信册籍，赍解军前。

其有未尽事，宜另颁条约，各宜凛遵告诫，毋致血染刀头，本镇幸甚，天下幸甚！

这篇檄文虽然只是为了蛊惑人心，利用民族情绪妄想让汉族人民为了吴三桂的"大周朝"卖命而炮制出来的东西。但是，文章用词饱满，气势磅礴，因此还是具有一定迷惑力的。

在吴三桂的煽动之下，先后共有总督、巡抚、提督、总兵等地方大员26人参加叛乱，其中明朝降清武将有20人。

此外，吴三桂还煽动并征集云、贵土司苗彝各族兵丁数万。一时间，长江以南数省，叛乱烽起。吴三桂叛军主力东侵黔、湘，很快就集结了14万余兵力；侧翼北攻川、陕，兵力亦不下数万。

（二）

十二月初一日，吴三桂率领20万人马开始北伐，派吴国贵、夏国相为前驱，兵锋直指贵州，而自己则亲自率领马宝等诸将随后进发，又派王屏藩率部攻取四川、陕西。与此同时，他又派人赶赴福建游说耿精忠。不久，滇、黔、湘、蜀、桂、闽、陕、粤等省纷纷响应，"东南西北，在在鼎沸"。

当吴三桂叛乱的消息传到朝廷后，康熙当即召开议政大臣会议，商讨对付吴三桂的对策。当初反对撤藩的索额图说：

"吴三桂兵多将广，三藩要攻入北京易如反掌，看来只有清君侧，将主张撤藩的明珠等人杀掉，将其首级送给吴三桂，事情也许还能挽回。"

但康熙认为，既然已经下诏撤藩，怎么能因为惧怕吴三桂就枉杀大臣呢？而且，索额图似有借机倾轧明珠之嫌，两人皆权倾一时，各植党羽，一直明争暗斗。

对于索额图的提议，明珠则说：

"若杀了臣可以令吴三桂罢兵，则臣这颗头颅不足惜，但吴逆决不会因朝廷杀一二大臣而罢兵。"

面对各种争论，康熙十分清醒。因此，他断然否决了索额图的意见，说道：

"朕自少时，以三藩势焰日炽，不可不撤，岂因吴三桂反叛遂诿过于人耶？"

他不想像汉景帝那样，以诛杀大臣晁错来制止吴楚七国之乱，为自己推诿过失。此时的康熙，正值血气方刚，胆识超人，因此极力保护主张撤藩者。诸位大臣对此莫不感激涕零，心悦诚服。

就在朝廷商讨对策之时，吴三桂已经率兵直指贵州，云贵总督甘文焜急忙命贵州提督李本琛率部扼守盘江。甘文焜系文人出身，不懂军事，吴三桂便唆使定藩苗族土司阿戎作乱，故意给甘文焜出难题。他以为文弱的甘文焜面对战乱一定会畏敌怯阵，或者兵败疆场，逃脱不了朝廷的惩罚。

但吴三桂估计错了，甘文焜有胆有谋，亲自统兵，平定了阿戎的叛乱。此后吴三桂又几次作难，甘文焜都应付自如。

为除掉甘文焜，吴三桂将其左右全部收买。此时吴三桂大兵压境，甘文焜调不动下属，遂令妻妾全部自缢，他与儿子率领十余骑兵奔赴镇远，以图召湖北兵抚守险隘，以使其不出贵州。

然而，镇远守城副将江义已经投降了吴三桂，甘文焜不能入城，江义又派兵追捕他。甘文焜寡不敌众，遂与其子一同自刎身亡。

康熙十二年（1673）十二月二十八日，吴三桂驰至桂阳，李本琛打开城门，迎接吴三桂。吴三桂轻而易举地占领了桂阳，传檄而得贵州全境，并将李本琛任命为"贵州总管大将军"。

不久，云贵总督甘文焜自杀、李本琛叛乱、吴三桂称"周王"等消息不断传入清廷。为迅速回击吴三桂，康熙果断下令，出兵征讨吴三桂。

由于广西与贵州相邻，因此康熙特授广西已故定南王孔有德的女婿孙延龄为抚蛮将军，线国安为都统，命其固守自卫，阻拦吴三桂向广西进攻。

针对四川的紧急状况，康熙又命西安将军瓦尔喀"率副都统一员、全部骑兵，选拔将领，星夜赴四川。凡自云南入川的险隘之地，都必须坚守"。

接着，又派都统赫叶为安西将军，率军同瓦尔喀等由汉中入川，以护军统领胡礼布为副将军，率署前锋统领穆占、副都统颜布随同出征。

如此派军，康熙是想将吴三桂的军队阻遏在云贵一带，不让其轻易攻取四川、广西，决策可谓英明，这也是他稳定战局的一个重大决策。

此外，康熙又以山东兖州地近江南、江西、湖广，山西太原地处陕西、四川，均属交通要道，遂令副都统马哈达统兵进驻兖州，扩尔坤领兵进驻太原；又在河南府（府治洛阳）设立新的中转站，命副都统塞格等率兵驻守，"所在有警，俱可策应"。

同时，为及时了解军情，康熙还命兵部于原有的驿站外，每400里置笔帖式、拨什库各一，以"速邮传、诘奸宄、防诈伪"。这就大大加快了通讯效率，使其可以很快了解到前方的军情。

吴三桂本以为康熙不过是个20岁的小皇帝，未经大事，不足为虑。后闻知驿报如此神速，不得不长叹道：

"休矣！未可与争也！"

（三）

在调兵遣将、部署兵力的同时，康熙还采取政治攻势，以瓦解吴三桂的势力。

首先，他下令停撤平南王、靖南王两藩，立即召回前往广东、福建办理撤藩的钦差大臣梁标、陈一炳，并亲自给尚可喜、耿精忠每人一道手诏，以加安抚。

其次，对现任直隶各省原吴三桂属下的文武官员进行安抚，一概不株连治罪，使其能够安心职守。

同时，康熙还下令将吴三桂的儿子吴应熊暂时拘禁，以防止其内外交通，泄漏军情，并于康熙十二年（1673）十二月二十六日正式下令削夺吴三桂的平西王王爵，通告全国。诏文如下：

逆贼吴三桂，穷蹙来归。我世祖章皇帝（顺治）念其输款投诚，授之军旅，赐封王爵，盟勒山河，其所属将弁崇阶世职，恩赉有加，开闽云南，倾心倚任。迨及朕躬，特隆异数，晋爵亲王，重寄于城，实托心膂，殊恩优礼，振古所无。讵意吴三桂，性类穷奇，中怀狙诈，宠极生骄，阴图不轨，于本年七月内自请搬移。朕以吴三桂出于诚心，且念其年龄衰迈，师徒远戍已久，遂允所请，令其休息，乃敕所司安插周至，务使得所。又特遣大臣前往，宣谕朕怀。朕之待吴三桂，可谓礼隆情至，蔑以加矣。

近览川湖总督蔡毓荣等疏称，吴三桂径行反叛，背累朝豢养之恩，逞一旦鸱张之势，横行凶逆，涂炭生灵，理法难容，神人共愤。今削其爵，特遣宁南靖寇大将军统领劲旅前往扑灭，兵威所至，刻期荡平。但念地方官民人等身在贼境，或心存忠义，不能自拔；或被贼驱迫，怀疑畏罪，大兵一到，玉石莫分，朕心甚为不忍。爰颁敕旨，通行晓谕，尔等各宜安分自保，无听诱胁；即或误从贼党，但能悔罪归诚，悉赦已往，不复究治。至尔等父子兄弟亲族人等，见在直隶各省，出仕居住者，已有谕旨，俱令各安职业，并不株连。尔等毋怀疑虑，其有能擒斩吴三桂头献军前者，即以其爵爵之；有能诛缚其下渠魁及兵马城池、归命自效者，论功从优叙录。朕不食言。尔等皆朕之赤子，忠孝天性，人孰无之！从逆从顺，吉凶判然，各宜审度，勿贻后悔。地方官即广为宣布遵行。

此诏书一出，无异给吴三桂判了死刑，将吴三桂几十年来为清廷所效犬马之劳及所立战功一笔勾销，并明喻要吴三桂首级，充分体现了康熙沉着、果断的性格。

在康熙的亲自率领之下，清廷与三藩之间的战争正式打响。

由于吴三桂反叛蓄谋已久，因此叛乱之初，其在军事上一度颇为顺利。在进据贵州后，又北上湖南，一路上所向披靡，相继攻陷了沅江、常德、辰州（沅陵）、长沙、衡州、岳阳等战略重镇，将湖南全境又迅速控制在自己手中，前锋则直抵湖北境内、长沙南岸的松滋（今松滋北），沿江与清军大本营荆州相望。

叛军在湖南节节胜利，湖北的一些将领亦纷纷起兵响应。康熙十三年（1674）三月十五日，襄阳总兵杨来嘉在谷城宣布起兵；十九日，原与杨来嘉合谋的郧阳副将洪福在郧阳反叛。

几乎同时，四川巡抚罗森、总兵官吴之茂也盼附吴三桂。此时，康熙派往四川的各路大军尚未达到，四川实际已全部纳入吴三桂的控制之下。

吴三桂随即封谭弘为"川北将军"，封郑蛟麟为"总督将军"，命他们一出汉中，一下夔州，陕西、湖北两省都处于危急之中。这样一来，吴三桂起兵仅3个月，便占有了滇、黔、湘、蜀四省。不久，闽、

63

赣、浙、粤、桂、陕等省也相继在吴三桂的蛊惑之下叛离清廷。

（四）

吴三桂起兵之初，便致书耿精忠、尚可喜和镇守广西的抚蛮将军孙延龄，煽动他们一起骑兵，反叛清廷。在吴三桂看来，撤藩实际是侵犯了三藩的共同利益，他深信各藩也会像他一样采取行动。

果不其然，康熙十三年（1674）二月二十七日，孙延龄首先揭旗反叛；三月十五日，耿精忠也在福建起兵。此时，只有平南王尚可喜断然拒绝，并将吴三桂的来使及"逆书"一并解往北京，报告朝廷。但一年多后，即康熙十五年（1676）二月，尚可喜的儿子尚之信起兵反叛。

二藩及广西的反叛，令叛乱进一步扩大到南方的绝大多数省份。

得知孙延龄叛变的消息后，康熙十分震惊，当即削夺其将军职衔，并命广东平南王尚可喜、两广总督金光祖和广西提督马雄共同前往征剿。但粤兵未至，吴三桂已率兵进入广西，与孙延龄共同夹击驻守柳州的广西提督马雄。马雄难以抵抗，遂与广西都统线国安等先后投降了吴三桂。至此，广西也陷入吴三桂之手。

在吴三桂叛乱之初，康熙为笼络人心，下令停撤耿精忠藩和尚可喜藩。但没想到耿精忠根本不领情，反而步入吴三桂后尘，发动叛乱。康熙获悉后，毫不迟疑，马上下令削夺耿精忠的王爵，并发布声讨通告。

康熙十三年（1674）四月，广东潮州总兵官刘进忠与耿精忠相互勾结，不久也公开叛乱。自此，驻守广东的平南王尚可喜虽然始终忠于清廷，但广东仍然不可避免地燃起了叛乱的战火。

康熙十五年（1676）正月，康熙对广东的形势十分担心，一方面下诏褒奖尚氏父子，以稳定战局，同时下令从其他地方调兵增援广东。

然而就在清军尚未到达广东前，康熙十五年二月二十一日，尚可喜的长子尚之信就发动了兵变，倒向叛军吴三桂一方。尚之信派兵封锁了广州，将其父尚可喜软禁起来，接管了平南王的权力。

吴三桂获悉尚之信反叛，大喜，当即封其为"招讨大将军"和"辅德亲王"。两广总督金光祖、巡抚佟养钜、陈洪明也跟随尚之信一起叛投了吴三桂。

尚可喜当时正卧病在床，闻知儿子兵败，又急又气，大骂"逆子误我"，此后病情日益加重，并于当年十月底病逝于广州，终年73岁。

至此，叛乱的战火已经燃遍南国，三藩势力连成一片，台湾的郑经也相机取事。面对这严酷的现实，康熙被迫将防御重点转移到江西，命平寇将军哈尔哈齐和额楚速取江西吉安，与将军舒恕等"合兵御闽、粤诸贼"。同时，鉴于陕甘一带也发生重大叛乱，为了西北的安定，康熙又调兵遣将，在半年多的时间内，将主要精力放于西北地区，平定叛乱。

在康熙的正确指挥下，康熙十五年八月，西北叛乱基本平定，剪除了吴三桂在西北的羽翼，使其失去了一个有力的臂膀。很快，清军就从西北战场抽身，开赴湖南，全力对付吴三桂。

此时，形势对吴三桂变得不利起来。康熙十五年二月，尚之信发动叛乱，声明要与吴三桂联合，让吴三桂十分高兴。然而，尚之信却迟迟没有行动。他虽然手握大权，却沉溺于酒色之中，不思进取。吴三桂屡次催他出兵，尚之信都按兵不动。

十月，在康熙的招降下，耿精忠降清，康亲王杰书受命征讨广东。尚之信见形势已变，遂于十二月派人携密信前往和硕简亲王喇布军前"乞降"。

康熙获知尚之信的密信后，立即下敕谕招抚尚之信，并赦免其罪，望其日后戴罪立功，"勉图后效"。

尚之信归降后，原来随他一起反叛的原两广总督金光祖、原高雷总兵祖泽清、潮州总兵刘进忠等，也全都反正，归降清廷，并纷纷将吴三桂的官员杀死。广东归降清廷后，严重威胁到了吴三桂的后方，使其顷刻间便处于腹背受敌的不利境地。

（五）

从康熙十二年（1673）底到康熙十六年（1677）初，战争持续了三年多，康熙指挥清军已经从最初的被动状态中摆脱出来，经过一段时间艰难的对峙，渐渐掌握了战争的主动权。英明有为的康熙对西北的王辅臣、福建的耿精忠、广东的尚之信等，采取了剿抚并用的策略，很快令其反正，归顺朝廷，使叛逆的势力仍局限在吴三桂控制的湖南、四川、云南、贵州和广西五省之内。

至此，清军对吴三桂形成了逐步包围，并从湖南北部的岳州、长沙和南部的粤湘边界，西北从陕西到四川，对吴三桂发起了攻击。对清军来说，战略相持已经转入了战略进攻。

尚之信降清后，让吴三桂感到了后路有被切断的危险。为巩固后方，吴三桂派出7员大将统兵三万，进至湘、粤边界的宜章，分兵进攻乐昌、南安，进而夺得韶州，以控制湘、粤交通咽喉。

康熙十六年（1677）七月五日，吴三桂大将马宝、胡国柱对韶州发起进攻。康熙获悉后，当即指示镇南将军莽依图与尚之信率兵增援，保住韶州。在莽依图与尚之信的努力下，马宝和胡国柱纷纷败走。随后，莽依图与尚之信又会同广西巡抚傅弘烈攻打广西，抄袭吴军后路，令吴三桂首尾难顾。

广西对吴三桂来说极其重要。广西一丢，便会直接牵扯到湖南，甚至云贵。为消灭广西的吴军，康熙还命江宁将军额楚、都统勒贝并平南王尚之信进取湖南与广西交界的宜章、郴州、永州等地，从后方攻击广西的吴军。

然而，此次攻打吴军，清军不幸失利。不久，吴军趁机反攻，到康熙十七年（1678）三月，吴军又攻克了广西的大部分城镇。

在此期间，吴三桂在衡州称帝。叛乱近5年了，吴三桂终于圆了他当皇帝的美梦，立年号为昭武。但他的梦还没醒，就于当年八月一命呜呼了。

吴三桂死后，他的孙子吴世璠从云南赶到衡州继位，改年号为洪化。吴世璠率数万吴军追击清军，逼近梧州，先后在贺县、滕县击败清军。

康熙十八年（1679）正月，傅弘烈、莽依图会同增援而来的尚之信三路进军夹击吴世璠，吴军大败，清军乘胜一路攻入桂林，后在南宁与吴军大战，将吴军彻底击溃。吴世璠负伤逃走，广西全省得以收复。

此时的叛军已经是军心涣散，斗志全无。康熙审时度势，抓住这一有利时机，命大军水陆夹击，又迅速收复了岳州、长沙、衡州等地。至此，清军已经取得了平定三藩的决定性胜利。

康熙十八年四月以后，吴军在湖南只龟缩在武冈、辰州、新宁等地，绝大部分地区已经被清军收复。但是，吴军仍作垂死挣扎，死死守住辰州与辰龙关。

辰州即今湖南沅陵，临近贵州和四川，水陆皆可通往贵州。辰龙关也是通往云贵的孔道，地势险要，林深路险，为辰州的门户。清军在辰龙关外与吴军对峙，并于七月底与吴军交火。

康熙十九年（1680）初，大将军察尼指挥清军向辰州发起攻击。三月十三日，清军进抵郴州城下，吴军不战而败。辰州一战，吴军1.1万士卒投降清军，少数人退往云贵。至此，湖南的吴军全部肃清。

是年二月，清军又相继收复了夔州、云阳、重庆等地。清军几路进兵，势如破竹，消灭了四川的叛军，号称"天险"的四川很快全部收复。随后，清军从湖南、四川、广西几路同时杀向云贵，展开了剿灭云贵叛军的战斗。

经过半年多的围攻，吴军城破，吴世璠自刎而死。十月三十日，清军开入昆明城内，将叛军的老巢彻底捣毁。至此，持续8年的平定三藩之乱的战争结束，康熙获得了彻底的胜利。

康熙二十年（1681）十一月十四日，捷报传入京师：云南大捷，全省荡平。康熙极为高兴，但回顾8年平叛的艰辛历程，又感慨万千，心情久难平静，当即挥毫写了一首诗，以志感慨：

> 洱海昆池道路难，捷书夜半到长安。
>
> 未衿干羽三苗格，乍喜征输六诏宽。
>
> 天末远收金马隘，军中新解铁衣寒。
>
> 回思几载焦劳意，此日方同万国欢。

随即，康熙对朝贺的大臣们说：

"朕当速诣孝陵，躬行昭告。"

十八日，康熙赶赴遵化，谒拜孝陵，将平定叛乱的消息祭告长眠于地下的顺治皇帝。

三藩平定后，康熙立即采取了一系列有效的措施，荡涤了三藩遗留下来的污泥浊水。首先，他将三藩所控制的地区设立八旗兵驻防，同时将藩王的财产全部入官，以充军饷；对三藩在各地推行的苛捐杂税"悉革除之"。另外还下令，将吴三桂藩下官兵侵占的民田，要"查出给还小民"。

这些措施的实施，进一步加强了中国的统一，促进了社会经济的发展，给百姓带来了安宁与和平，从根本上消除了割据残余，大清帝国从此也进入了一个巩固发展的新阶段。

第九章　收复台湾

学以养心，亦所以养身。盖杂念不起，则灵府清明，血气
和平，疾莫之撄，善端油然而生，是内外交相养也。

——（清）康熙

（一）

台湾与大陆隔海相望。很久以前，大陆与台湾之间便存在着密切
的联系。清顺治末年，郑成功为坚持抗清斗争，率兵渡海赴台，驱逐
了盘踞台湾长达30年之久的荷兰侵略者，并致力于台湾的开发，让台
湾的社会因此得到了迅速进步。

但是，郑氏父子祖孙相继割据台湾，奉明朝为正朔，也构成了对
清朝政权的严重威胁。因此，三藩叛乱刚刚平定，康熙即规划统一台
湾的军事行动。

康熙初年，中国内地虽然基本已统一于清朝政权之下，但由于连
年征战，国库枯竭，统治者和广大人民迫切需要休养生息。尤其重要
的是，清政府此时还没有强大的水师，也无力发展水师。对海上投诚
人员，清政府也不信任，更谈不上重用。

所以，对距离清朝500里之外的台湾，清廷无计可施，甚至对大陆

沿海的金门、厦门之地也无力恢复，而台湾的郑军却由于连年征战，保持着一支具有海战长技的相对强大的水师，敢于同强大的清廷进行抗衡。

对于台湾，清政府除了封锁沿海、断其接济和利用高官厚禄诱其部属投诚之外，对郑氏只剩下遣使招抚一法了。仅有一次武力征剿的尝试，不久也半途而废了。直到康熙中期，清政府建立起与之相抗衡的水师后，这种局面才逐渐得以改变。

早在顺治年间，清政府为孤立和瓦解郑氏力量，便采取了严禁出海和内迁沿海居民的政策，称为海禁。顺治十七年（1660）九月，顺治批准了福建总督李率泰的建议，"迁同安之排头、海澄之方田沿海居民，入十八堡及海澄内地"。

康熙初年，四大臣辅政，继续奉行这一政策。次年六月，海澄公黄梧密陈剿灭郑氏割据势力的五项策略，建议将"山东、江浙、闽粤沿海居民皆迁徙入内地，设立边界，布置防守"，将所有沿海船只悉行烧毁，寸板不许下水。

清政府采纳了这一策略，并派员至江、浙、闽、粤、鲁各省，施行大规模迁界禁海，将各省沿海居民迁入内地三五十里，设界防守，严禁逾越。

清政府的这一措施本来是想隔断大陆与台湾郑氏之间的联系，令其丧失接济，所谓"不用战而坐看其死也"。但是，清政府将沿海岛屿空出，反而更加利于郑军的自由出入。久而久之。守边的兵将多为郑军买通，郑军照常可以从大陆得到所需物资。而迁界禁海却令清政府蒙受重大损失，沿海居民"荡析流离，又失海上鱼盐之利"，土地大片荒芜，百姓流离失所，对外贸易停滞，税收也因之锐减。

在迁界禁海的同时，清政府也致力于遣使招抚。康熙元年，清政府即在"江、浙、闽、广各设满、汉兵、户郎中一员，专司招辑"。

而恰在此时，郑成功去世，郑袭、郑经叔侄为争夺延平王之位兵戎相见。乘郑氏集团内部发生内讧之际，福建总督李率泰、靖南王耿继茂遣使前往厦门招抚郑经。此举正中郑经下怀。郑经早就担心处于同清军和台湾郑袭集团两面作战的窘境，于是派镇守金门的伯父郑泰和洪旭等人假意与清政府谈判，并上缴明朝所赐敕命、印信和"海上军民土地清册"，以取信于清政府，借以拖延时间。

随后，郑经凭借郑成功之子的身份，迅速瓦解了郑袭、黄昭等人的抵抗，勘平内乱，台湾初步平定。康熙二年，缓过手来的郑经率领大军进驻厦门，借口"人众登岸，安插难周"，拒绝履行与清政府和谈后的条件。清政府的招抚计划彻底失败。

（二）

就在清政府厉兵秣马之时，郑氏集团内部又起纷争。郑经的伯父郑泰辈分较高，长期为郑氏管理钱粮事务，又率部留守金厦，势力强盛，招致郑经的疑虑。而郑泰偏偏又在郑氏政权的继承问题上一度拥护弟弟郑世袭，并曾致信郑世袭集团骨干黄昭。

郑经发现郑泰给黄昭的通信后，顿起杀心。康熙三年（1664）六月七日，郑经设计杀掉郑泰，并派兵抄了郑泰的家。郑泰的弟弟郑鸣骏及儿子郑缵绪被逼无奈，率水陆各镇官员400余人、兵马一万余众、船300艘来到泉州港，投降了清朝。经过这一打击，郑氏集团的力量大为削弱。

当时的康熙还未亲政，辅政大臣认为这是收复台湾的大好时机。经过一番准备，海澄公黄梧、福建总督李率泰、提督马得功分别从海澄、同安、泉州三路攻打郑氏盘踞的金厦。

康熙三年十月十九日，马得功所部与郑军在金门无沙港大战，结果被精通水战的郑军打败，马得功也投海自尽。但黄梧和李率泰两路人马都大胜郑军，并迫使守护高崎的郑军将领陈升投降。

不久，郑经退守铜山，清军收复了金厦。随后，李率泰派人四处招降，扰乱了郑军的军心，很多人纷纷归降清廷，但郑经却仍然拒绝投降。

经过这次对战，清廷认为争取郑氏将领的希望还是很大的，于是又从兵部、户部各派两名官员长期驻在福建、广东、浙江、江苏四省，诱降郑军的中下级军官，并提出了十分优厚的条件：不问真伪，凡海上武官率众投降者按原军衔补官，单身投降者降四级续用，有立功者降二级续用。为了安插降官，还允许武职改授文官。

这样一来，郑军人心浮动，各思投身之路。郑经见诸将纷纷叛降，自知铜山必难坚守，又害怕变起肘腋，遂退居台湾，并令周全斌、黄廷二人断后。周、黄二人不愿远离故土，因此也率部归附了清廷。

眼看退居台湾的郑氏集团内部统治渐趋稳定，而清廷又无力以武力进攻台湾。为解决难题，清廷再行招抚之计。

康熙六年（1667）正月，清廷派孔元章两次赴台招抚。但因蓄发问题，双方僵持不下，未有结果。

康熙八年（1669）五月，康熙擒拿鳌拜之后，又命亲信大员兵部尚书明珠、兵部侍郎蔡毓荣入闽，与耿继茂、总督祖泽沛商讨再次招抚之事。经过商议，派两名使者前往台湾招抚郑经。然而，郑经虽然对来使以礼相待，却不肯接康熙的诏书。

商谈中，清使做出重大让步，允许郑经封藩，世守台湾，但郑经仍然坚持"如朝鲜例，不蓄发，仅称臣纳贡而已"，和谈再一次破裂。

尽管如此，数年中双方并未发生战事，直到三藩之乱爆发后，清廷与郑经双方才再次进入战争状态。

康熙十二年（1673）底，三藩之乱爆发。郑经见有机可乘，便派船队集结在澎湖待变。次年三月，耿精忠谋反，郑经应其所请，率众攻打厦门。

当时，清军主力正与吴三桂作战，耿精忠又率领主力北上江浙，郑经遂趁机攻占了闽海、粤东沿海地区，连占泉州、漳州、汀州、兴化、邵武等府及广东潮州、惠州、广州的一些州县。

在政见上，郑经也与三藩不同，仍然坚持抗清复明，因此在军事上也不与三藩配合，只是滞留在福建、广东一带浑水摸鱼，抢占地盘，大肆盘剥以接济台湾。

耿精忠和尚之信本来就担心郑经染指福建、广东一带，因为这两个地方原本在他们的控制之下，故而也屡屡与郑经发生冲突。但为了共同对抗清廷，耿、尚二人又不得不忍气吞声。

针对这种形势，康熙采取了更加稳健的方法。他没有全面出击，而是将精力主要用在对付三藩上，命令军队重点攻打耿精忠，对郑经则采取暂时不理的态度。

康熙十五年（1676）十月，康亲王杰书亲率大军从浙江攻入福建，这令耿精忠南部有郑经牵制，无力抵抗，被迫投降清朝，并担任向导，转而带领清兵攻打郑经。

十一月，郑经连败于乌龙江、邵武两地，闽南沿海、闽北地区也连连告急。不久，原归降的潮州总兵刘进忠抗命自踞，广东全省尽失。十二月，郑经不得不收缩战线，弃守汀州。

第二年春，清军连陷兴化、泉州、漳州，郑军全线溃败，郑经退守厦门、金门及附近岛屿。

（三）

康熙十六年（1677）五月，康亲王杰书苦于水师无船，后方又不稳定，无力渡海攻打郑经，因此再次派使者前往厦门招抚郑经，希望趁郑经新败之机，和谈能有所收获。但郑经仍然坚持前议，照朝鲜例。

八月，康亲王杰书再次派使者去见郑经，并提出可以"如朝鲜故事"，岁时纳贡，通商贸易。然而郑经却得寸进尺，要求沿海诸岛也必须由其把守，粮饷由福建供给。谈判再次失败。

谈判未成，战事再起。康熙十七年（1678）二月，郑经突然派手下大将刘国轩猛攻漳州，屡败清军，并乘胜攻克同安、海澄，随后又分兵北上，留下一部继续攻打漳州。

康熙以福建总督朗廷指挥不力将其革职，经康亲王杰书推荐，任命署福建布政使姚启圣继任福建总督。

姚启圣接任后不久，就密陈方略，提出破敌之计。康熙看到姚启圣的奏折后，高兴地说：

"闽督今得人，贼且平矣！"

姚启圣严格贯彻康熙的平台战略，一面扭转战局，收复失地，围攻退守海澄的刘国轩，一面派人继续到厦门招抚郑经。

在军事上，他也采取了一系列有效的措施，大力整顿充实绿营兵，革除各种军役，招募壮丁入伍，以足兵额，加强军事力量，以做好和谈不成即以武力攻克台湾的准备。

在政治上，姚启圣首先稳定福建民心，解除民困，实施"安内而攘外"的策略。此举深得民心，为日后对台用兵打下了良好的基础。

与此同时，姚启圣还积极进行策反、招降工作，下令保护沿海各地与郑军有相邻、姻戚关系之人，严禁挟隙陷害，以消除郑氏官兵疑惑之心及后顾之忧；在漳州设立"修来馆"，不论"官爵、资财、玩好，凡言来自郑氏者，皆延致之。使以华毂、鲜衣炫于漳、泉之郊，供张恣其所求，漳泉之人争相传述"；还规定前来投诚的文官照原衔报部补官，武官一律保留现职；等等。

这些措施令郑军官兵纷纷来降，至者如归。据统计，在康熙十七年（1678）前来投诚的郑军将官有1237人，士兵11439名。

康熙十八年（1679）初，郑军投诚者更是纷至沓来，五镇大将廖瑞、黄靖、赖祖、金福、廖兴及副总兵何逊等，都各自带领所属官兵来归，共文武官员300余人，士兵1万多名。

不久，陈士恺、郑奇烈、纪朝佐、杨廷彩、黄柏、吴定芳等人也相继率部来投。后又有水师五镇蔡中调、征夷将军江机、杨一豹等人率领所部十余万人前来降清。

康熙对姚启圣的招抚政策大为赞赏，并全力支持，还授予姚启圣兵部尚书衔。在姚启圣的努力之下，清军实力很快得到充实，并稳定了民心，大大削弱了对手郑经的力量，使清军逐渐摆脱被动局面，转入反攻阶段。

在这种情况下，康熙再次命姚启圣连续致信郑经，加以招抚。在信中，姚启圣动之以情，晓之以理，言辞颇为恳切。经过一再争取，郑经也有了和谈之意。

康熙十八年，康亲王杰书再次遣使赶赴厦门，请郑经罢兵言和，并允诺"依朝鲜之例，代为题请，永为世好，作屏藩重臣"。这个条件让郑经也很满意，和谈之事已经接近成功。但由于冯锡范等人阻扰，和谈再次失败。

清廷对郑氏多次招抚都毫无结果，最后决定以武力征剿，以强大的军事压力迫使郑经就抚。福建水师提督施琅更是一再主张以武力攻伐台湾。

康熙十九年（1680）二月，清军水陆两路进攻，势如破竹。郑经抵抗不力，慌忙自厦门逃回台湾，厦门守将陈昌、海澄守将苏湛等纷纷献城投降，朱天贵也率领文武官员600余人、水师精锐两万余人、战舰300余艘归降。至此，金、厦及沿海诸岛皆收归清廷。

经过8年之久的拉锯战，郑经的势力遭到了沉重的打击，仅有千余人逃回台湾。而清军则在战斗中重建了水师，锻炼了海战能力，台湾统一的条件也日渐成熟。

康熙在畅春园的书房中有一间渊鉴斋，他便以此斋名为书名，编纂了类书《渊鉴类涵》450卷；还有一间佩文斋，他又以此为书名，编纂了辞书《佩文韵府》444卷、《佩文书画谱》100卷等。另外，康熙还对算术、天文、地理、光学、医学、解剖学等自然科学有着浓厚的兴趣。他的身边也聚集了一批中外科学家，尤其是一些耶稣会士。康熙是一位开明的皇帝，他对有科学知识的耶稣会士给予了充分的信任、使用与尊重，并虚心向他们学习西方的自然科学知识。

第十章　置台湾府

神静而心和，心和而形全。恬静养神，则自安于内；清虚栖心，则不诱于外；神静心清，则形无所累矣。

——（清）康熙

（一）

在统一台湾的条件日渐成熟时，康熙也抓紧时间准备。康熙十九年（1680），三藩之乱已接近尾声，康熙便派兵部侍郎温代前往福建，会同尚书介山、侍郎吴努春及福建总督、巡抚、提督等官员，商议沿海设防及部分撤兵事宜。

由于郑经已退回台湾，且力量受挫，无力再犯，再将大批军队集结海上已无必要，因此众官员反复商议，经康熙批准，福建只留2000名满兵，其余则全部撤回京师。

康熙的裁兵之举，不仅能够安定百姓，使兵精粮足，且能迷惑台湾的郑经。八月，康熙谕令兵部：

"台湾、澎湖暂停进兵，令总督、巡抚等招抚贼寇。如有进取机宜，仍令明晰具奏。"

就在清廷厉兵秣马、寻找战机之时，郑氏集团却日渐腐败，政治也走上了末路。郑经退回台湾不久，便萎靡不振，不久一病不起。康熙二十年（1681）正月，郑经病死，执掌大权的冯锡范、刘国轩背信弃义，刺杀了郑经的长子郑克臧，拥立年仅12岁的郑克塽继位。郑克塽幼弱不能任事，事务皆由冯锡范决定，结果导致郑氏内部"彼此猜疑，各不相下，众皆离心"。日渐穷蹙的郑氏集团再生内乱，无异于授人以柄，灭亡之日指日可待。

康熙二十年（1681）四月，姚启圣接到台湾侦报，得知郑经已死，郑克臧被杀，幼子郑克塽继位，遂上疏康熙，认为收复台湾的时机已到，应会合水陆官兵，乘机直捣敌穴。康熙当即决定：

"郑锦（即郑经）既伏冥诛，贼中必乖离扰乱，宜乘机规定澎湖、台湾。总督姚启圣、巡抚吴兴祚、提督诺迈、万正色等，其与将军哈喇达、侍郎吴努春同心合志，将绿旗舟师分领前进，务期剿抚并用，底定海疆，毋误事机。"

经过深思熟虑，康熙再次起用熟悉台湾情况、善于海战的施琅替换万正色为福建水师提督。在施琅离京赴任之前，康熙特在内廷召见施琅，并激励他说：

"平海之战，惟汝干同，愿劳力无替朕命。"

十月初六，施琅抵达厦门视事。因当时正处于冬季，舟师不易过洋远征，且准备还不充分，因此没有立即出兵，而是抓紧时间整船练兵。

经过一年多的准备，清军水师已有精兵两万余人，战船300多艘，数量上与郑军持平，但质量却大为提高，士气旺盛。

然而就在即将进兵台湾之时，施琅与姚启圣却就如何攻取台湾的问题产生了分歧意见。分歧主要表现在两个方面：

一是攻取台湾和澎湖的先后。姚启圣认为，应该先攻取台湾，只要台湾一取，澎湖就会不攻自破，因此姚启圣主张，他与施琅各率领一支船队，同时进取台湾和澎湖。而施琅则主张先取澎湖，攻下了澎湖，便扼住了咽喉，并且反对姚启圣提出的两路出击战略。因为万一其中一路打了败仗，就会影响到另一路，令整个战役受挫。

二是关于利用风向的问题。姚启圣主张利用北风，而施琅认为北风刚劲，骤发骤息，规律难以掌握，南风风轻浪平，将士不会发生晕船，且居于上风上流，容易取胜。

两方面的意见都各抒己见，互不相让，结果致使出师日期一再拖延。

二人意见相左，施琅只好给康熙送去密奏，请求康熙给予专征之权。他在密奏中说：

"（姚启圣）生长北方，虽有经纬全长，汪洋巨浪之中，恐非所长。……今臣同督臣操练水陆精锐官兵充足三万，分配战舰，尽可破贼。但臣仅掌有水师提督印信，未奉有征剿台湾之敕谕。伏望迅赐颁发，以副转睫师期，俾得申严号令，用以节制调度。"

康熙感觉自己对海战不熟悉，对施琅的意见没有把握，因此请议政王大臣议复，后又询之大学士，征求大多数人的意见，最后同意由施琅专征，并命令总督、巡抚与之同心协力，催办粮饷，最好后勤补给工作，保障军需供应。

（二）

在清军加紧备战的同时，台湾方面也在积极筹备防守。康熙二十年九月，台湾方面通过奸细得知施琅出任清军水师提督；十月，又破获了两名要员给姚启圣的一封密信，其中写有"澎湖无备，可速督军前来，一鼓可得，若得澎湖，台湾即虚，便当起兵相应"之语；同时，奸细也侦得施琅的主攻方向为澎湖。因此，台湾遂开始重视澎湖的设防。

当年冬，台湾方面以武平侯刘国轩为正总督守澎湖，左武卫何祐任北路总督守鸡笼。为了让诸将安心御敌，刘国轩还将诸将家眷全部送往安平。同时，台湾方面还不断增加澎湖的兵力，至开战前，澎湖兵力已达两万余人、战船200余艘。

康熙二十一年（1672）十月，施琅接到康熙准其专征之旨，当即宣称利用北风进剿台湾，以混淆敌人视听。至十一月，施琅又对外宣称"北风太硬"，不便进剿，令各镇俱回原地，自己则统船回到厦门。这让驻守在澎湖的刘国轩也搞不清楚施琅到底想怎样了，就连福建总统姚启圣都弄不清施琅的真实意图。

康熙二十二年（1673）六月十四日凌晨，施琅突然率领水师官兵两万余人、各类战船300余艘从铜山出发，顺风直指澎湖。

驻守澎湖的刘国轩对施琅集师于铜山的消息早已知道，但他认为，六月正是台风骤发的季节，施琅懂得海上风候，是不会冒险进兵的。然而十五日晨，刘国轩忽然得报，称清军战船风帆如叶，直奔澎湖而来，心中惊恐不已，慌忙命令各岛守将移大炮罗列海岛上，准备迎战。

刘国轩虽然加紧戒备，但仍心存幻想，希望施琅进攻时能够遭遇台风袭击，以求不战而胜。这种思想也令他失去了有利战机。

当日傍晚，清军从容不迫地进入八罩岛、猫屿、花屿。次日，施琅督率舟师齐到澎湖，双方展开激战。战斗过程中，因遭遇逆风，清军船队被郑军大队战舰包围，施琅乘楼船冲入重围中解救，被流炮击伤右脸，被迫命各部撤出战斗，初战失利。

二十二日，清军再攻澎湖。此时正逢南风劲吹，波涛汹涌，施琅率战船杨帆而进，占据上风，并乘势将郑军分割包围，双方展开激战。

战斗进行得异常激烈，自清晨一直打到下午4时，炮火矢石交攻如雨，烟焰蔽天。清军的"五梅花"战术大显神威，利用这一战术互相援助，即使个别清军船只遭敌军围攻，也能快速救出。而郑军舰只则被一艘艘分割、歼灭，被击沉、焚毁战船达百余艘，主力部队也几乎全军覆没。

到战斗结束后，清军共缴获各类战船35只，杀郑军将军、提督、总兵、副将等高级将领47人，普通将领200余人，焚杀及溺死敌兵1.2万余名。刘国轩见力不能及，只得率领残部逃回台湾，澎湖守军随即投降。

澎湖失守，令台湾瞬间失去屏障，精锐部队也已所剩无几，致使人心浮动，诸人"各怀戒心，市井风鹤"。郑克塽经过反复考虑，认为唯一的办法只有向清政府求抚这一招了。

八月十一日，施琅率官兵前往台湾受降，郑克塽率冯锡范、刘国轩列队恭迎王师，在天妃宫举行了受降仪式。十八日，郑克塽等人剃发，遥向北京方向叩头谢恩。郑氏所争"剃发"这一条款终于有了结局，台湾从此与大陆统一。

（三）

收回台湾后，清廷内部就对台湾的弃守问题发生了争论。许多大臣对台湾的历史、地区缺乏认识，竟然认为台湾地域狭小，得到了也不能增加领土面积，失去了也没有太大损失，因此主张"迁其人，弃其地"，甚至认为台湾是"海外丸泥，不足为中国加广"，只留下澎湖为东南沿海的屏障就可以了。

只有少数大臣主张对台湾守而不弃，其中也包括收复台湾的功臣施琅。在台湾的弃留之争中，施琅挺身而出，力排众议，坚决反对放弃台湾，并奏请朝廷设官兵镇守。为此，他还专门给康熙写了《恭陈台湾弃留疏》，反复陈述台湾战略地位的重要性，指出台湾关系到江浙、福建等地的要害所在，如果弃而不守，必将酿成大祸。

更加可贵的是，施琅还高瞻远瞩地指出，如果放弃台湾，无论是荷兰洋贼，还是其他洋贼，随时都可能趁虚而入。而台湾如果再被洋贼侵占，清廷那时恐怕就会后悔莫及了。

康熙的想法与施琅一样，也主张留守台湾。为了统一大家的意见，康熙反复征求意见，做好群臣的说服工作。

有一次，康熙问反对留守台湾的大臣李光地，若台湾再次被洋贼占领，将来会对大陆造成什么威胁？

李光地认为，目前不会有问题，有皇上之威，几十年可保无事。康熙批评了李光地目光短浅，指出：

"如此且置郡县，若计到久远，十三省岂能长保为我有？"

康熙又问汉人大学士王熙等人的意见，王熙等人都同意施琅的看法，认为台湾有地数千里，民众十万，甚为重要。一旦放弃，必然会被洋人所据，或会成为犯法作乱之人的匿身之地，故而守之为上策。

康熙听后，说道：

"若徙其人民，又恐致失所，弃而不守，尤为不可。"

随后，康熙又召开议政王大臣会议，结果一致主张"请守已得之地，设兵守之为宜"。

在获得众大臣的支持后，康熙二十三年（1684）四月，康熙下令设置台湾府，隶属福建省。其南路设凤山县，北路设诸罗县，府治设台湾县，澎湖归府直辖。另根据施琅建议，在台湾设总兵一员、副将两员，驻兵八千；又于澎湖设副将一员，驻兵两千。每营设游击、守备、千总、把总等官职，与内地编制相同。

同时，对于台湾地区官员的选拔，康熙也十分注意。经督抚会疏交荐，康熙批准，由原任泉州知府、汉军镶白旗人蒋毓英调补第一任台湾知府。

另外，康熙还亲自选任正黄旗参领杨文魁为第一任福建台湾总兵官，并亲加叮嘱，"务期抚辑有方"，"使海外晏安"，台湾商贩众多，"不得因之以为利，致生事端"。

在康熙的关心下，台湾各级官员大多都能克勤奉公，关心民生，从而促进了台湾经济和文化的快速发展，台湾的历史也掀开了新的一页。

同时，康熙还着手实施开海。"先因海寇，故海禁不开为是；今海氛廓清，更何所待"？康熙鼓励开海贸易固然有征收商税，以充兵饷、纾民困的相反，但从根本上说，还是为了促进海外贸易的发展。他反对税额苛重及征税范围过分琐细，以保护海外贸易的发展，严禁竭泽而渔。他还一再告诫征收海税的官员，不得"任意加征，以致病商累民"，应"从公征收，无滥无苛"，并要求各关制定则例，以便监督，甚至还亲自下令：

"采捕鱼虾船只，及民间日用之物，并糊口贸易，俱免其税。"

对于海外贸易的各种禁令，康熙也都进一步放宽，除私贩硫磺、军器等照例处分外，其他禁令都进行放开。从此，我国的对外贸易也得到了空前的发展。

康熙的宫廷内聚集着许多数学家，在康熙的倡导下，由陈厚耀等人牵头，众多数学家编纂了一部清朝最著名的数学百科全书《数理精蕴》。这本书的出现，使后来乾隆、嘉庆年间的中国掀起了一阵研习数学的高潮。当时的中国数学学者，几乎人手一册此书，该书也成为当时数学的经典教材。在这本书上，写有"钦定"两字，表明此书是由康熙皇帝亲自确定编纂的。

第十一章　会战沙俄

> 盖人事尽而天理见，犹治农业者耕垦宜常勤，而丰歉所不可必也。不尽人事，是舍其田而弗芸也；不安于静听者，是揠苗而助之长者也。
>
> ——（清）康熙

（一）

在清廷平定三藩和统一台湾的前后，沙俄殖民主义的侵略势力正在步步深入到我国黑龙江流域，严重破坏着大清帝国的主权和领土完整。

沙俄原是个欧洲国家。在16世纪以前，它还没有在亚洲占有一块土地。直到16世纪下半叶，沙俄积极向东扩张，仅仅几十年的时间，就将势力一直延伸到鄂霍次克海，霸占了西伯利亚。明崇祯五年（1632），沙俄在勒拿河建立雅库茨克城，此后逐渐将侵略的魔爪伸向我国黑龙江地区。

明崇祯十六年（1643），雅库茨克的头目戈洛文派遣以波雅科夫为首的一伙哥萨克兵共130多人，闯入我国黑龙江的达翰尔族、女真族聚集地区，进行野蛮的烧杀抢掠，俘获当地居民作为人质，给他们戴上枷锁，强迫他们缴纳粮食、毛发等贡赋，甚至杀害土人为食。

波雅科夫的这种惨无人道的行径，给黑龙江居民留下了极其可怕的形象，以至于一提到哥萨克来了，黑龙江人民的脑海中就会立刻浮现出拷问、诱骗、死亡和吃人的种种场景。同时，波雅科夫的卑劣行径也激起了当地各族人民的勇敢反抗。

有一次，一支由70多名哥萨克士兵组成的队伍又前往达翰尔村屯抢夺粮食，遭到达翰尔人的突然袭击，50多名哥萨克士兵受伤，10名被打死。

在精奇里江的结雅河口，杜切尔人还偷袭了沙俄侦察队的驻地，杀死24人。到顺治二年（1645），波雅科夫一伙仅剩下50余人，他们被迫经黑龙江口，越海北逃，直到次年七月才返回雅库茨克。

波雅科夫在返回雅库茨克后，大肆吹嘘，称只要有300人就能够征服黑龙江流域。沙皇阿列克塞·米哈伊洛维奇听完后，野心勃勃，一心想要征服这块极为富庶的地方。

顺治七年（1650），沙皇再次命令哈巴罗夫率军侵入我国黑龙江流域。是年初，哈巴罗夫率部侵入我国鄂尔河口达翰尔族首领拉夫凯的管辖区。但因兵力有限，不敢深入，遂于四月返回雅库茨克。

两个月后，哈巴罗夫的兵力得到增援，才再次率部侵入达翰尔族地区，并于秋天攻占了达翰尔族首领阿尔巴扎驻地雅克萨。在达翰尔族居住的桂古达尔村，他们制造了骇人听闻的大屠杀，共杀掉达翰尔族居民661人，俘获300多人，致使整个桂古达尔村陷入一片瓦砾之中。

沙俄侵略者的暴行激起了东北各族人民的强烈愤慨，人们纷纷拿起武器与侵略者作斗争。顺治八年（1651）十月，当侵略者窜到乌扎拉村，准备在这里休整过冬时，遭到这一带赫哲族人的顽强抵抗。赫哲族人一面以简陋的武器对抗侵略者，一面派人向驻守在宁古塔的清军报告。

此时，清军大多已经入关，留守宁古塔的是清军宁古塔章京海色。

海色接到盛京方面的命令后,遂带领600名士兵前往乌扎拉村,在当地百姓的配合下,与沙俄侵略军展开了一场搏斗。

然而正当清军在百姓的帮助下突破敌人堡墙,准备冲入敌营时,海色却犯了一个严重的错误。他麻痹轻敌,没有乘胜狠击敌人,竟然荒谬地命令士兵不要杀死哥萨克兵,要抓活的。这给了敌人以喘息的机会,敌人乘机拉回大炮,向密集的清军猛轰,致使清军伤亡惨重,最后被迫撤围。

乌扎拉村之战是中国正规军对沙俄入侵者的第一次作战。这次战争给侵略者带来了沉重的打击,逼使敌人惶恐不安地向黑龙江上游撤走。不久,沙俄又任命斯捷潘诺夫为新达翰尔族地方长官。

顺治十二年(1655)四月,清朝都统明安达礼重创斯捷潘诺夫于呼玛尔。当时由于清军前线缺乏给养基地,后方又没有源源不断的军粮供应,士兵口粮和军需物资只能靠随军携带,极其有限,明安达礼终因"饷匮班师",从而使侵略者得以继续在黑龙江横行。

顺治十三年(1656),另一支沙俄侵略军从叶尼塞克斯出发,闯入石勒隔河流域,并于顺治十五年(1658)侵占了我国蒙古族茂名安部居住地尼布楚,并将尼布楚改称为涅尔琴斯克,还在此构建城堡,作为进一步向黑龙江中下游扩张的中心。

面对沙俄侵略者的到来,黑龙江流域各族人民与清军英勇奋战,于顺治十七年(1660)歼灭了斯捷潘诺夫残部,将沙俄侵略势力赶出黑龙江中下游地区,但上游的尼布楚仍被俄军占领着。

(二)

顺治十八年(1661),康熙继位之后,沙俄侵略者仍不断向我国东北地区发动侵略。康熙四年(1665),俄军从东、南两个方向向我边境进犯，向东窜至黑龙江流域，并于本年冬再次占据雅克萨；向南侵占我国喀尔喀蒙古土谢图汗管辖地区楚库柏兴。

同时，沙俄还改变了以往流窜式的侵扰，转而采取建立据点、逐渐推进的策略。他们以据点为中心，派兵四处出击，然后再建立新的据点，并不断抢掠我国索伦、赫哲、费雅喀、奇勒尔等各族人民的财物和人口，还策动沿江少数民族败类叛逃俄国。

面对这种日益严峻的形势，康熙认识到，沙俄侵略是大清帝国东北地区的一大祸患。此患不除，边疆不固，祖宗发祥地不安，甚至会危及清朝政权的统治。因为关内有事向来都是从关外调兵，如果此患不除，就很难发挥这样的机动作用；且沙俄侵略者得寸进尺，若不及时制止，后果将不堪设想。

因此，康熙亲政后，便将抗击沙俄作为当时的一件大事。但一个时期中，擒拿鳌拜、废除辅政、平定三藩、统一台湾等事务已经让康熙殚精竭虑，应接不暇，因此在康熙二十年（1681）之前，康熙一面敕谕宁古塔将军巴海加强防御，整备器械；一面多次致信沙皇，力争和平解决边境争端。这样一来，双方开始了长达十多年的交涉活动。

然而不断发展的事实表明，与沙俄的再三交涉，对沙俄的多次劝告甚至抗议，都无济于事。不经过激烈的战争，沙俄不会主动撤出。

早在康熙六年，康熙刚刚亲政时，就对沙俄侵占我国黑龙江流域一事极为重视，经常仔细查看其"土地形胜、道路远近及人物性情"，密切关注着东北边防的建设。但直到康熙二十一年（1682），三藩之乱平定之后，康熙才开始集中精力经营东北，进行武装驱逐侵略者的准备。

康熙二十一年二月，康熙将解决东北边患问题提上议事日程，并于二月十五日率领文武大臣扈从等人从京师出发，往谒盛京，告祭祖陵，顺路巡视了吉林省乌喇（今吉林市）等地，随后又登舟巡行松花江。

经过此次东巡，康熙了解了备战抗击沙俄的不少情况亟需需解决的问题。回到京师后，他立即派遣副都统郎坦等人，深入到雅克萨地区侦察沙俄侵略军的情况。由于雅克萨距离内地路途遥远，人烟稀少，兵员补充、粮食供给等困难很多。因此，康熙认为不宜操之过急，要等到条件成熟后再伺机而动，故而先派兵建立前进据点，永戍黑龙江。

但对于发兵攻取雅克萨一事，朝中文武官员的意见却颇不一致。有的官员慑于俄国强大，又畏惧黑龙江地区路遥天寒，对前往征讨心怀疑惧；有的官员虽支持出兵，但主张速战速决，将沙俄侵略军赶走了事，反对永戍。而且，后一种意见得到了大多数议政王大臣的赞同，宁古塔将军巴海就是其中之一。

康熙力排众议，坚决主张屯兵驻守，并撤换了巴海，另外派副都统萨布素、瓦礼祜领兵前往。议政王大臣见皇上主意已定，只好一致同意永戍黑龙江。

康熙二十二年（1683）十月，康熙下令设黑龙江将军，由萨布素首任此职，命其率宁古塔兵1000余人进驻额苏里（今黑龙江省黑河与呼玛之间的黑龙江北岸）。黑龙江将军的设置，使抗击沙俄侵略军有了军事保证，对加强东北的边防建设有着深远意义。它与盛京将军、宁古塔将军（后改为吉林将军），共同奠定了后来东三省军事建置的基础。

（三）

经过近两年的准备，康熙二十四年（1685）初，收复雅克萨的作战方略已经基本就绪。为收复雅克萨，康熙对沙俄侵略军采取了先礼后兵的原则，一再声称"兵非善事，不得已而用之"。

在康熙二十三年（1684）时，康熙就曾用满、蒙、俄三种文字写信给俄国沙皇，并派官员将信送给占领雅克萨的沙俄军队，要他们立即从中国撤兵。但沙俄政府对康熙的信件毫无反应。

在这种情况之下，康熙于二十四年四月二十八日命令都统彭春、副都统班布尔善统率3000名水师官兵，将领林兴珠率领藤牌兵500名，分批开赴雅克萨。五月二十二日，清军全部集结完毕。

康熙依然本着先礼后兵的原则，命令彭春在城西隔江的小岛上安营扎寨，建立指挥部，同时命令彭春用满、俄、拉丁三种文字致书雅克萨统领，令其撤出雅克萨，返回俄国本土，并提出以雅库茨克为界的议和方案。

但沙俄自恃巢穴坚固，拒不撤军，而且还出言不逊，要以武力抵抗清军。康熙见和谈不成，遂命清军于二十三日分水陆两路列营，准备武装进攻。

沙俄得知后，急忙于二十四日凌晨从尼布楚调来援军，但很快就被清军击溃，俄军余众仓皇而逃。二十四日夜，清军又将神威将军等火器移置于前，准备强行攻打雅克萨。

二十五日黎明，收复雅克萨的战役打响了。清军副都统雅钦、营门校尉胡布诺等将领设立挡牌土垒，从城南佯攻，牵制敌军火力；副都统温岱、护军参领瓦哈纳、汉军提督刘兆奇在城北架设红衣大炮，向城内袭击；护军参领博里秋、营门校尉乌沙、绿旗左都督何祐率军用神威将军炮从东西两侧夹击；副都统雅齐纳、镇守达翰尔提督白克率领水军屯于城东江面，防止敌人从水上逃遁。

一切准备就绪后，清军开始四面合围，炮火齐发，雅克萨城内瞬间便烈火熊熊，击毙击伤俄军百余人。

二十六日中午，清军在雅克萨城周围堆积了大量柴草，准备火烧雅克萨城。沙俄侵略军惊慌失色，急忙打出白旗，开城投降。

清军见沙俄侵略军投降了，立即停止攻击。统帅彭春在沙俄侵略军举行投降仪式后，宣布释放全部俄俘，并派遣官兵700余人将俄俘送至额古纳河口，令其返回尼布楚。至此，第一次雅克萨之战以清军获胜、沙俄侵略军投降而告终。

康熙对收复雅克萨后如何设防十分重视。在出兵雅克萨前，康熙就曾指示前线将帅，一定要周密部署，不能造成"我进则彼退，我退则彼进，用兵不已，边防不安"的局面。在清军攻克雅克萨后，康熙再次告诫前线将领，对雅克萨的防御决不能疏忽。

他还命令大学士勒德洪、前线统帅郎坦等，立即研究出具体的措施奏报，但郎坦等人却没有按照康熙的命令去办，而是在收复雅克萨后，将城堡一烧了之，周围的庄稼未割，哨所未立，且不待命令即擅自撤兵回到瑷珲、墨尔根等地。

康熙二十四年七月，俄军雅克萨头目托尔布津逃到尼布楚后，即与该地督军弗拉索夫商议，率领原班人马及增援人马、武器、物资等，重新盘踞雅克萨，并重新筑城，挖掘壕沟，建设炮垒、粮库，并于康熙二十五年（1686）到呼玛旧堡窜扰。

当康熙闻知沙俄侵略军重占雅克萨的消息后，立即意识到这一事件的严重性。因此，他马上部署了第二次雅克萨之战，并谕示文武大臣：

"今罗刹复回雅克萨盘踞，如不速行扑剿，则沙俄必积粮坚守，一旦其站稳脚跟，今后图之不易。"

随后，康熙命将军萨布素统率乌喇、宁古塔官兵，驰赴黑龙江城，并让其所率黑龙江兵2000人，担当第二次收复雅克萨的主力。四月底，又派副都统郎坦、班达尔善、马喇参赞军务。

为避免重蹈第一次收复雅克萨后的覆辙，在临行前，康熙特别召见马喇，告诫他说：

"尔等此行，宜谨慎从事。出征之前要晓谕罗刹，让其速降。如果他们拒不悔悟，则我大兵尽诛之。"

又说：

"如果复得雅克萨城，即可命军士直逼尼布楚，但一定要在雅克萨驻兵，勿毁其城与田禾。"

（四）

康熙二十五年（1686）五月上旬，萨布素、郎坦两路进兵，月底逼近雅克萨城。按照康熙的旨意，萨布素首先命俄俘带信入城，劝其投降。当时盘踞在雅克萨的俄军有近千人，火炮13门，粮食也比较充足，因此俄军凭借其势，不肯投降。

六月初四，清军开始攻城。经过数日激战，清军歼灭敌人百余名，其中包括俄军头目托尔布津。俄军见清军攻势猛烈，便仰仗其新筑之城比较坚固，撤回雅克萨城内固守。

由于缺少火器，沙俄侵略军重修的雅克萨城又十分坚固，清军一时攻打不下。康熙考虑到天气已至深秋，即命令前线统帅萨布素做好部队过冬准备，对雅克萨城进行长期围困。

按照康熙的部署，清军在雅克萨城下挖长壕、立土垒、筑炮垒，将雅克萨城围困得严严实实，令沙俄侵略军进出不得，断绝了他们的外援。

清军的长期围困，使盘踞在雅克萨城内的俄军遭受重大打击。城中弹尽粮绝，士兵们饥寒交迫，加上坏血病流行，死者无数，800多名沙俄侵略军只剩下150余人，且大多患病，能站岗放哨的也只有30名士兵和15名青少年。尼布楚的俄军又无法增援，雅克萨实际已是一座指日可待的孤城。

沙俄政府得知自己的军队在雅克萨再遭惨败，且无法救援时，被迫派出使团同清政府和谈。

康熙二十五年九月二十五日，沙俄使团先遣人员来到北京，向康熙呈交了沙皇的信件。信中表示愿意与清政府和谈，请求清军撤围雅克萨，等他们以戈洛文为首的使团一到，和谈立即开始。

当年冬天，清军接到康熙命令，单方面撤离雅克萨，返回瑷珲。至此，第二天雅克萨之战又以清军全面获胜而结束。

康熙二十八年（1689）年七月初八，中俄谈判代表团第一次和谈会议正式开始。会议刚一开始，俄方代表便戈洛文发言称，中俄战争的起因源于中方，中方应该为挑起中俄战争付出代价。中方代表索额图当场予以驳斥，他以无可辩驳的事实，阐明了中俄战争完全是由俄国的侵略所引起的，中国政府只是在忍无可忍的情况下，才被迫自卫的严正立场。在事实面前，戈洛文无言以对。

戈洛文还一口咬定黑龙江流域自古即为沙皇所占有，因此，他要求两国以黑龙江至北海为界，妄图取得俄方未能通过战争得到的黑龙江以北的广大领土。但是，这一蛮横无理的要求立即就遭到了中方代表的断然拒绝。由于俄方的狂妄要求，第一次和谈没能达成任何结果。

第二天，双方代表进行第二次会议，继续讨论中俄边界问题。开始，戈洛文仍然坚持以黑龙江为界，索额图等坚决拒绝。戈洛文见第一个方案不能实现，便抛出俄方的第二个方案，提出以牛满河或精奇里江为界，想"让"出曾被俄方侵占而今已被清军收复的精奇里江以东地区，而将精奇里江以西包括雅克萨在内的广大中国领土划归俄国。

对此，中方自然是不能同意的。但索额图误以为俄方已经让步，自己又急于同俄方签订和约，因此竟将康熙指令的最后分界线以尼布楚和音果达河为界（即在石勒格河北岸以尼布楚为界）、石勒格河南岸以音果达河为界的方案一下子摊了出来。

根据这一方案，贝加尔湖以东至尼布楚一带原属中国的大片领土就被让给了俄国。然而戈洛文还继续耍手段，力求尽可能多地占领中国领土，拒绝中方代表的划界意见，会谈因此陷入僵局，被迫中断。

正在这时，原喀尔喀蒙古所属布里亚特人、温科特人掀起了大规模的抗俄斗争，起义者达2000余人，许多受俄国奴役的喀尔喀部众纷纷来到清方使团驻地，请求将他们带回到大清皇帝的一边。

俄国使团见势不妙，担心沙俄的殖民统治会全面崩溃，因此才不得不答应清政府的要求，双方终于在康熙二十八年七月二十四日达成协议，签订了《尼布楚条约》。

这是中俄两国之间签订的第一个边界条约，也是清代签订的第六个条约。条约共六款，包括中俄东段边界的划分、越界人员的处理、中俄贸易等内容。康熙划定的这个中国版图奠定了中国北部版图的基础，一直延续到今天。

条约虽然让清政府在领土方面作出了很大牺牲，但也收复了雅克萨等长期被沙俄霸占的领土，制止了沙俄对黑龙江地区的进一步侵略，结束了战乱，使我国东北边境得以安宁，并以法律的形式明确了中俄东段的边界。对此，《海国图志》的作者魏源评论说：

"其时喀尔喀准噶尔未臣服，皆与俄罗斯接壤，苟狼狈犄角，且将合纵以挠我兵力。自俄罗斯盟定，而准夷族火器无所借，败遁无所投。"

第十二章　蒙古平复

由一理之微，可以包六合之大；由一日之近，可以尽千古之远。

——（清）康熙

（一）

在收复台湾之后，清政府的统治得到了进一步的巩固。而此时，在噶尔丹的统治之下，额鲁特蒙古部迅速从西北地区崛起，从而形成了一个与清政府相互对峙的强大地方政权。

厄鲁特蒙古是蒙古族的一支。在明朝灭亡以后，该部便迁居到漠北，又称瓦剌。明末清初，该部台吉哈拉忽拉率领本部族南征北战，成为执厄鲁特各部牛耳的人物。

哈拉忽拉死后，他的儿子巴图尔珲台吉继位。在巴图尔珲台吉的领导下，准噶尔部进一步走向强大。巴图尔珲台吉借助西藏黄教的帮助，同宿敌喀尔喀蒙古达成了和解，为准噶尔的扩张解除了后顾之忧。他帮助和硕特部占领河套、青海之地，并于和硕特部由乌鲁木齐一带迁入河套、青海之后，趁机填补了其迁走后的空白，又将土尔扈特部未曾迁走的余众及杜尔伯特部并入自己的属下。

与此同时，对于远迁伏尔加河下游的土尔扈特部台吉和鄂尔勒克，他也积极笼络，通过联姻，两部的关系也大为改善。

伴随着实力的增强，准噶尔部的政治地位也获得了提高。崇祯十三年（1640），巴图尔珲台吉以四卫拉特盟主的身份，在塔尔巴哈台与喀尔喀蒙古王公举行会盟，青海和硕部与伏尔加河流域的土扈特部也参加了。会盟建立了东西蒙古继元朝之后的再一次空前联盟，同时也标志着准噶尔部的霸主地位被蒙古诸部认可。

巴图尔珲台吉死后，其子僧格台吉继位。这时，为争夺权力和财产，准噶尔贵族集团内部发生了严重分裂。康熙九年（1670）冬，巴图尔珲台吉庶长子车臣台吉在部分准噶尔贵族的支持下发动政变，杀死僧格台吉，自立为台吉。

不久，僧格的岳父和硕特鄂齐尔图车臣汗亲率大军平定叛乱，并处死了车臣台吉与其母布鲁特哈屯。由于当时僧格的三个儿子都处于幼年，准噶尔贵族遂将僧格之弟噶尔丹拥立为台吉。如此一来，西北草原上便出现了一位叱咤风云的人物。

噶尔丹生于1644年，是巴图尔珲台吉的第六子，僧格的同母弟弟。噶尔丹幼年时，西藏达赖喇嘛特意派使节至准噶尔，认定噶尔丹为当年尹咱呼图克图的第八世化身。于是，不满10岁的噶尔丹被送到西藏五世达赖罗桑嘉措处学经修法。这段经历对他日后继位及继位后称雄于笃信黄教的蒙古各部起到了重要作用。

回国继位后，噶尔丹迅速召集僧格旧部、部众及一部分喇嘛，渐次消灭车臣台吉的残余势力。不久，他又率兵越过天山，征服了南疆回部。

噶尔丹的雄心，是恢复元朝霸业，兵锋直指中亚诸国。从此，蒙古铁骑再次横扫中亚大陆，从而形成了一个与清政府相对峙的强大地方政权。

面对崛起于西北大漠的厄鲁特部，清朝西北边疆渐渐感到了压力。

康熙十六年（1677），靖逆将军张勇、川陕总督哈占、凉州提督孙思克等共同具疏上奏，请求康熙出兵防御噶尔丹部。但当时正值三藩之乱，清政府根本无力西顾，因此康熙只是谕令守边军队严加防守，对厄鲁特部的内部事务概不过问。

如此一来，噶尔丹更加骄傲自大。康熙十八年（1679）九月，噶尔丹竟以达赖五世所赐"博硕克图汗"名义遣使入贡。按照清朝定例，是不允许擅称汗号者纳贡的。但对于噶尔丹的这种挑衅行为，康熙还是容忍了，并准其纳贡，这实际上也是承认了噶尔丹"博硕克图汗"的名号和地位。在三藩之乱平定后，康熙还派内大臣奇塔特等至噶尔丹处大加赏赐。

（二）

为巩固多民族国家的统一和稳定边疆局势，康熙一贯坚持民族亲善与和睦政策。因此，虽然噶尔丹肆意掠夺蒙古各族的暴行会带来边疆地区的动荡，也引起了康熙的警惕和戒备，但康熙仍以极大的耐心来劝谕、优抚噶尔丹，力图避免噶尔丹与清廷的矛盾激化。

不过，康熙对噶尔丹的宽容是以不损害清朝的根本利益为前提的，一旦噶尔丹及其部众对清朝妄行非为，康熙就会给予严厉制裁。随着势力的增强，噶尔丹的贡使或千人或数千人，连绵不绝。这样的贡使队伍，给清政府带来了沉重负担。而且，这些贡使还自恃强悍，沿途抢夺塞外蒙古马匹牲畜，进边之后，任意放牧，残踏农田，捆缚百姓，抢夺财物，为所欲为。

在清朝时期，入贡人数的多少，不仅直接影响到少数民族各部的经济利益，同时也是政治地位高低的象征。噶尔丹无视清廷规定，多次遣使2000余人入京朝贡。康熙对噶尔丹无视清廷规定的行为大为恼火，因此只准许其中200人入京，其余则全部遣回。噶尔丹闻知后，恼羞成怒，转而向沙俄靠拢。

早在17世纪上半叶，在巴图尔珲、僧格执政时期，沙俄政府便推行扩张政策，不断蚕食准噶尔的游牧地，武装移民，建立据点，同时遣使诱降。但由于厄鲁特部各部的强烈反抗，沙俄政府的侵略企图才未能实现。

为了与清政府抗衡，噶尔丹由其父兄的抗俄政策转逐渐转变为向沙俄靠拢。康熙二十二年（1683）十一月，他还派遣了一支由70多人组成的商队前往伊尔库茨克，朦胧地表示支持沙俄对我国黑龙江流域的侵略。沙俄出于牵制中国及打击反俄的喀尔喀部蒙古的目的，积极倡导建立一个俄国—厄鲁特联盟。

沙俄的这一举动令噶尔丹的野心愈发膨胀。同时，康熙对噶尔丹入贡人数的限制，也加速了噶尔丹同沙俄的勾结。在沙俄的全力支持下，噶尔丹又向东大举攻掠喀尔喀蒙古。

康熙二十六年（1687）九月，噶尔丹率兵3万，攻占了喀尔喀蒙古的扎萨克图汗部，并唆使扎萨克图汗进攻左翼土谢图汗部。土谢图汗遭到袭击后，出兵击毙了扎萨克图汗沙喇及噶尔丹的弟弟多尔济扎卜。

随后，噶尔丹便以此为借口，于康熙二十七年（1688）六月再次大举进攻喀尔喀蒙古。此时，土谢图汗正率兵在楚库柏兴（今色楞斯克）与沙俄作战，后方空虚，遭噶尔丹袭击，顿时大乱。

土谢图汗获悉后方遭袭后，立即回兵反击噶尔丹，但被噶尔丹击败，土谢图汗只得率领属下台吉、子弟内迁，请求清廷的支持。

康熙听说土谢图汗来投奔后，立即遣理藩院尚书阿喇尼前往迎接，并将其安置在漠南蒙古乌珠穆沁等处的游牧地带。

噶尔丹多次向清廷索要土谢图汗，但都遭清廷拒绝。康熙二十九年（1690）初，噶尔丹以追击喀尔喀仇人为借口，率兵沿喀尔喀河南下，进入漠南蒙古科尔沁境内，肆意烧杀抢掠，并乘机进一步向内地深入，进入到西乌珠穆沁境内，距古北口（今北京密云县东北）仅450千米。

鉴于噶尔丹给清廷统治带来的威胁，以及战争给蒙古各部人民造成的极大灾难，康熙极力主张以和平谈判的方式解决问题。在致噶尔丹的敕谕中，康熙并不讳言土谢图汗当时起兵攻打札萨克图汗部的过失，同时也建议由达赖喇嘛派出一名代表，与清政府所派大臣同往蒙古，召集噶尔丹、土谢图汗和蒙古各部共同盟会，会上令土谢图汗自陈其过，各部永议和好。

尽管康熙的这一建议合情合理，但由于噶尔丹吞并蒙古之后势力空前强大，且又勾结沙俄以为支援，其真实目的是将漠西、漠北的蒙古各部都置于他一人的统治之下，与清政府实施南北分治。因此，噶尔丹便以各种借口拒绝康熙提出的这一建议。

康熙见噶尔丹野心勃勃，狂妄自傲，继续发展下去定然会威胁到清政府的统治。为铲除这股强大的分裂势力，康熙决定发动平定噶尔丹叛乱的战争。

（三）

为抗击噶尔丹南下，康熙二十九年（1690）三月，康熙派左右两路大军，向图拉河、克鲁伦河挺进，以图夹击噶尔丹。

其中，左路军由理藩院尚书阿喇尼及兵部尚书吉尔塔布率领，所属有土谢图汗之子噶尔丹多尔济所率喀尔喀部兵1万人，以及苏尼特、两乌珠穆沁、两浩奇特、两阿霸垓等部兵。为防备噶尔丹沿克鲁伦河下游进入呼伦贝尔，阿喇尼派科尔沁亲王沙律率兵设防于科尔沁之北索约尔济河流域。

右路军则由理藩院侍郎文达、都统额赫纳率鄂尔多斯兵1500人，喀尔喀兵3000人，呼和浩特、四子部落兵1500人，驰赴图拉河，抵御噶尔丹南侵。

是年五月，噶尔丹号称带兵4万沿克鲁伦河下游渡过乌尔扎河南下，扬言将"借兵俄罗斯，会攻喀尔喀"。康熙一面发满、汉兵与科尔沁等蒙古兵及火器至尚书阿喇尼军前备战，一面传谕在京的俄使吉里古里、依法尼齐等，警告他们不要掺入噶尔丹南侵之事。在康熙的严重警告及清军严阵以待面前，沙俄在业已签订《尼布楚条约》后，终于不敢妄动。

鉴于噶尔丹军势强大，又知阿喇尼兵力不足，康熙又急调科尔沁之兵及禁军前去援助，并传谕尚书阿喇尼，要求他将噶尔丹的军事动向向自己详细汇报，耐心等待战机，不可急躁冒进；同时又派员外郎阿尔必特祜出使噶尔丹军营，以谈判之名稳住噶尔丹，借以拖延时间，待各路大军聚齐后再予以围歼。

然而，尚书阿喇尼争功心切，不顾康熙的告诫，在右路军、科尔沁及禁军尚未到达时，就擅自率部出击，结果被噶尔丹军打败，清军死亡不计其数，阿喇尼率领残部勉强突围逃走。

闻知初战失利的消息，康熙大怒，遂革去阿喇尼职位，以严肃军纪；又派出使者以阿喇尼违旨轻战、非本朝之意等语婉言相劝葛尔丹，设法羁其行动，令其不至远遁。同时，康熙又迅速调动大军，以图彻底歼灭噶尔丹入侵之旅，从而一手部署了著名的乌兰布通之战。

七月二日，康熙命两路大军北上歼敌。左翼由其兄裕亲王福全为抚远大将军，皇长子胤禔为副，出古北口；右翼以其弟恭亲王常宁为安北大将军，简亲王雅布、信郡王鄂扎为副，出喜峰口。另外，内大臣索额图、明珠、阿密达，都统苏努、拉克达、彭冲等人随军参赞军务。

七月六日，福全率军起程。二十七日，福全军进驻乌兰布通以南20

千米的吐力埂河，堵住噶尔丹南下抢劫之路。

七月四日，常宁率军从喜峰口出关，沿滦河、库尔奇勒河、四道河上行，与福全军会合。

各路大军相会后，足有10万之众，为噶尔丹军的5倍。康熙严令各路大军于巴林旗境内集结待命，不得违令擅进。

七月初，噶尔丹自厄勒冷起兵，经乌珠穆沁境，至和尔洪河上游驻扎。此时。清军内大臣阿密达部已经驻扎在乌珠穆沁右旗南部，遵照康熙旨意，阿密达在接待噶尔丹来使时假称：皇上特遣皇长子与皇兄和噶尔丹谈判，我们的军队很快就要撤回了。并派人到噶尔丹处假装谈判，以使噶尔丹确信清廷并无开战之意。

噶尔丹信以为真，遂拔营起程，经敖布喇克、布里图，越过兴安山脉，至克什克腾期境内弼劳古驻扎，主动钻入了康熙预先布置的圈套之中。

得知噶尔丹已进抵克什克腾境内，康熙立即下令命诸军前往克什克腾旗境内等候。七月二十日左右，各路大军先后会集于克什克腾旗境内的土尔埂伊扎尔。

这时，康熙为进一步创造聚歼敌人的有利条件，又再次设计，以和谈为名，将噶尔丹部诱至乌兰布通。乌兰布通以方圆2000千米之地，遍布清朝牧场，牲畜多达百余万头，这自然能吊起极其缺乏牲畜的噶尔丹的胃口。

而且，乌兰布通距清朝最大的练兵场——木兰围场只有20千米，清军对这里的地形十分熟悉，且物资补给非常方便。因此，双方都选中了此地。此时的清军，已经悄悄张开一张大网，等待噶尔丹主动来投了。

（四）

为彻底歼灭噶尔丹，康熙于七月十四日亲自来到前线，以便亲自制定作战方略，以图"克期剿灭噶尔丹，以清沙漠"。

十六日，康熙行至鞍匠屯（今滦平县城），不幸染上感冒。但他不顾群臣劝阻，带病出征，于二十日抵达博洛和屯。康熙本来打算亲自指挥战斗，无奈病情加重，不得不返回京师。临行前，他对前线的进攻、联络、供应等细节问题作了具体布置，并为军队增加了炮兵和鸟枪兵5000人。

按照先前商谈所定，噶尔丹率领部众于七月二十九日抵达乌兰布通。乌兰布通山依林傍水，又位于北京通向漠北及俄罗斯的交通要塞上，实为兵家必争之地。噶尔丹虽然领兵至此，但对和谈之事仍有怀疑，因此到达后直接率部上山，做好了迎战准备。

八月一日黎明，福全指挥清军列阵而行，中午抵达乌兰布通。清军隔河列阵，遥攻山林，声震天地。噶尔丹见状，遂隔河向清军施放火铳、弓箭等还击。

炮轰之后，清军前队兵5000人、次队3000人、两翼军各2200人，在枪炮的掩护下向噶尔丹部展开猛烈攻击。但清军右翼几次推进，都被沼泽所阻，不得不退回原地；左翼冒死前进，在国舅佟国纲的率领下，绕过湖泊，沿萨里克河冲锋。

经过几次猛烈的冲击，清军终于冲破阻拦，冲到噶尔丹部前，与噶尔丹部展开激烈的肉搏战，两军伤亡都很大，但未分胜负。

八月二日，裕亲王福全重整军队，集中所有炮火轰击山林，再次拼死攻山。无奈噶尔丹率部居高临下，据险固守，清兵久攻不下，福全只得收兵暂息。

正当清军束手无策时，康熙所派的炮兵赶到了，并立即投入了战斗。裕亲王福全命令将各炮列于河滩上，众炮齐发，自中午一直打到晚上，冲破了噶尔丹设置的防线。清军乘势冲击，噶尔丹军被打得惊惶溃败，噶尔丹自己则乘夜逃到山顶险要之处。

第二天，噶尔丹一面组织队伍北撤，一面派喇嘛济隆率70余人到清军营中游说，并捎去请罪书，保证自己以后再不敢犯喀尔喀。

福全轻信了噶尔丹的诺言，中了他的缓兵之计，不但自己停止了进攻，还命令其他各路军都停止攻击，从而使乌兰布通大捷的成果功亏一篑。

信誓旦旦的噶尔丹刚刚逃脱险境，便于八月九日抢掠了克什克腾旗三佐领，抢走2万多只羊，1000多头牛。同时为防止清军追击，他又放火焚烧了所经过的大草原。至此，福全方知上当，追悔莫及，即遣轻骑追击不及，致使噶尔丹远遁而去。

乌兰布通之战，不仅狠狠地打击了噶尔丹的嚣张气焰，也严重地削弱了他的军事实力。在逃遁途中，"牲畜已尽，无以为食，极其穷困，人被疾疫，死亡相继"。

虽然如此，噶尔丹却仍不死心。为卷土重来，逃回原居住地不久，噶尔丹便改变了以往的战略战术，依靠克鲁伦、图拉等处驻军。如果清军出兵少，他就与之交战；如果清军强大，他就移师后退；如果清军班师，他就于后袭击。

噶尔丹还妄想，这样不出数年，清朝就会耗尽财富，以致疲敝。在这种思想的诱导下，噶尔丹采取了一系列削弱清政府、壮大自己的措施。

与此同时，噶尔丹还再次乞求沙俄援助。康熙三十年（1691），沙俄拖布尔斯克将军派人到科布多会见噶尔丹，继续策动其叛乱。

康熙三十三年（1694），康熙多次约请噶尔丹参加喀尔喀会盟，以调解其与土谢图汗等人之间的矛盾，但噶尔丹都拒不接受，反而还蛮横地写信给清政府，表示一定要索回土谢图汗，否则就继续进军喀尔喀。

虽然在乌兰布通战役中战败，但噶尔丹的兵力还有数万。他纠合残部，休养生息，同时得到沙俄提供的大批军火。康熙三十四年（1695），噶尔丹又率兵3万沿克鲁伦河而下，进攻巴彦乌兰，并扬言在过冬后将借来俄罗斯鸟枪兵6万人，大军进攻漠南。

（五）

康熙闻知噶尔丹又来作乱，十分愤怒，经过与诸大臣讨论，最终于康熙三十五年（1696）正月作出再次出兵的决定，并表示再次亲自率兵出征。

二月，康熙下令发兵10万，分三路前进。其中，东路由黑龙江将军萨布素统领东三省兵，越过兴安岭，出克鲁伦河进攻；西路由抚远大将军费扬古统领陕西、甘肃兵，由宁夏北越沙漠，沿翁金河北上，以断噶尔丹的退路；中路为主力军，由康熙亲自率领，由京城出独石口，直奔克鲁伦河，与东西两路军协同夹击噶尔丹。

康熙率领的中路军，需要穿越无边无际的沙漠和草原，行程数千里。为了顺利通过，康熙命令征调了大批扎萨克图部人作向导，每两名士兵配一个民夫、一头毛驴，随军运输粮食、器材和御寒器具等。

经过59天的艰苦历程，康熙所率的中路军于五月初五由科图（今内蒙古苏尼特左旗以北）继续前进，逐渐逼近噶尔丹军。而西路军和东路军未能按期到达预定地点，这就形成了中路军单独突进的不利态势。

这时，前方传来噶尔丹借来6万俄军的消息，其实是噶尔丹在故意恐吓清军。大学士伊桑阿等人闻讯后，都力劝康熙回銮。但康熙严厉训斥了官员中的畏战惧敌言论，表示这次一定要歼灭噶尔丹后才撤回。他还警告官兵：

"凡不奋勇前进者，必予诛之！"

不仅不撤退，康熙还决定要中路军继续前进，并预计噶尔丹会依托克鲁伦河进行顽抗，遂将部队分成两路，准备夹击。

噶尔丹原本不相信康熙会御驾亲征，但从清军放回的俘虏口中得知，康熙的确已经亲自出征。为此，噶尔丹特意登上一座高山观望，只见河对岸军幔环城，四外栅栏周布，将士威武，军容严整，不由大惊失色，当夜就拔营逃跑了。因此，等康熙率部渡过克鲁伦河，抵达巴彦乌兰时，却扑了个空。

康熙见噶尔丹逃跑了，立即率领岳升龙等三位总兵，挑选出精兵轻骑，决心猛追；同时密令西路军统帅费扬古急行于昭莫多（今外蒙古乌拉巴托南）设伏堵截噶尔丹。康熙率部连续追击5天，终因粮食供应不上，被迫停止。

费扬古接到康熙的密令后，立即率兵星夜驰奔。五月十三日，西路军终于先于噶尔丹部赶到了昭莫多。

昭莫多地势险要，自古即为漠北战场。费扬古按照康熙的指令，命部分骑兵下马步战，在昭莫多东侧依山列阵；并依托图拉河布置了防御，将骑兵主力隐藏在对面山上的密林中。

当噶尔丹率部逃到这里时，清军忽然四面出击，瞬间便斩杀敌军3000余人，俘获人畜无数，只有噶尔丹自己先率部逃跑了。

昭莫多一战，噶尔丹叛军的主力全部被歼，原先归附他的部众也都纷纷逃脱。此后，噶尔丹率领残部流窜于塔米尔河流域，成为一群无家可归的散兵游勇。而他早年所吞并的青海、回部、哈萨克等地，也都开始纷纷反抗他，而他根本无力镇压。

五月十八日，康熙得知昭莫多之战的胜利消息后，大喜，立即传旨嘉赏西路军将士，同时留费扬古率兵戍边，并负责招降噶尔丹余部，自己则班师回京。康熙此次御驾亲征，取得了辉煌的胜利。

然而，康熙也十分清楚，噶尔丹虽然被打败了，但只要不死，一有机会，他就会东山再起，与清政府为敌，西北边患就不会解除。因此，康熙派人将招抚噶尔丹的敕书送给大将军费扬古，要他广为颁示，并要求他不要急于出兵，而是应频繁派遣准噶尔的降人回去做招抚工作。不久，便有1500多人前来投降，从而使噶尔丹更加孤立。

九月，康熙再出塞北，进驻桂花城，经理军务。他一面下令青海各部台吉和策妄阿拉布坦，要"协擒噶尔丹"，同时又多次致书招降噶尔丹。

十一月，康熙接到费扬古的报告，称噶尔丹派出了一支27人组成的使团前来议降。二十五日，康熙接见了噶尔丹使团首领格垒古英，宣谕：

"尔还语噶尔丹，令其亲身来降，否则朕必往讨！朕在此地行猎待尔，限七十日内还报，如过此期，朕即进兵矣！"

但是，噶尔丹仍然拒绝投降，继续在各地流窜。

康熙三十六年（1697）二月，康熙见规定噶尔丹归降的约期已过，还未见噶尔丹的动静，便决定举兵再次亲征。

二月六日，康熙命令发兵6000人进击噶尔丹。三月二十六日，康熙亲临宁夏，将诸事安排就绪后，继续向前线深入。四月十五日，康熙接到报告，称噶尔丹已于闰三月十三日在阿察阿穆塔台一带服毒自杀（也有说是暴病身亡）。不久，噶尔丹的部下携带着噶尔丹的尸骸前来归降。五月十六日，康熙凯旋而归。

由噶尔丹挑起的这场战乱前后共持续了近10年，至此以清政府的全面胜利而结束。康熙皇帝以他的勇武之力，彻底扫除了漠北和西北地区的这一大不安定因素，维护了国家的主权和领土的完整。

第十三章　恩威并施

学者诚即事而求之，则可以通三才，而兼备于万事万物之
理矣。

——（清）康熙

（一）

康熙执政期间，国际、国内形势都异常严峻。一方面，沙俄殖民主
义势力不断东侵，严重威胁我国北部边疆的安宁；另一方面，厄鲁特蒙
古之一部的噶尔丹乘机勾结沙俄叛乱，企图霸占整个蒙古。在这种形势
下，清政府统一散处于我国北方的蒙古各部就有了特别重要的意义。

为巩固统一，加强蒙古各部与中央政权的联系，遏制沙俄进一步东
侵，康熙对蒙古各部采取了有效的政治、经济和军事措施，以将蒙古建
成戍守祖国北疆的坚强屏障，使之成为比长城更加牢固的防御力量。

在蒙古各部推行盟旗制度，是康熙吸取前朝经验、加强对蒙古各部
的管理、稳定北部边疆秩序的一项重要措施。

盟旗制度的推行，起源于清朝入关前的皇太极时期。皇太极即位
后，为在战略上完成对明朝的包围之势，对于蒙古各部，或以武力征
服，或以联姻劝降。经过努力，东到吉林、西到贺兰山、南邻长城、

北到瀚海的漠南蒙古各部，如科尔沁、翁牛特、郭尔罗斯、杜尔伯特、克什克腾旗等，都先后归降。

为加强对其内部的管理，皇太极还将满洲八旗军政合一、民兵合一的组织形式推行到漠南蒙古各部当中。在内蒙古地区分旗设盟，并设理藩院监督管理，这就是盟旗制度。

天聪八年（1634），皇太极派大臣赴蒙古地区查看牧地疆界、编审户口；崇德元年（1636），又派大臣前往漠南蒙古"稽户口、编牛录、颁法律、禁奸宄"，并以50家编一牛录，一牛录之下又设50名家长，分别造册，呈献朝廷。

为加强对各旗的管理，皇太极还在内蒙古各旗实行会盟制度，在每旗之上设立正、副盟长各一名。盟并不是旗之上的行政机构，盟长也不直接管辖、干预各旗的内政，但必须代表理藩院对盟内的各旗进行监督。

盟长还要定期召集各旗札萨克聚集到盟所在地，以"简军实、阅边防、理诉讼、审丁册"。这种通过会盟的形式检查各旗执行法令等情况，有效地加强了对蒙古各部的管理，将长期迁徙不时、桀骜难驯的蒙古武力牢牢地掌控在自己手中。

入关之后，清政府依然沿用这一政策。顺治年间，清廷在内蒙古地区又增设了24个旗。至此，漠南蒙古已经有6个盟43个旗了，对加强中央政府对蒙古地区的管理十分有利。

康熙继位后，对此政策仍然奉行，并在漠南蒙古地区增编了5个旗，还将这一措施推广到漠北的喀尔喀蒙古地区。

喀尔喀蒙古是元太祖成吉思汗十五世孙达延汗幼子格埒森札·札赉尔浑台吉的后裔，曾游牧在东起黑龙江呼伦贝尔、西至阿尔泰山、南到瀚海、北到贝加尔湖一带的辽阔土地上。

达延汗死后，诸子大多都迁入内蒙古，唯独幼子格埒森札·札赉尔留居在故地，号所部为喀尔喀，并将其部众析为七旗，"授七子领之"，后来形成了土谢图汗、扎萨克图汗和车臣汗三大部。

皇太极在位期间，一直对三大部积极笼络。崇德元年（1636），皇太极遣使臣进入喀尔喀，劝三大部归附。崇德三年（1638），喀尔喀三部遣使来朝，朝廷规定其向后金政府呈献"白驼一、白马八"，史称"九白之贡"。

同年，赛音诺颜部也遣使来朝，表示归附。自此，喀尔喀蒙古便正式臣属于后金。

顺治元年，清军入关，控制北疆的力量随之减弱，车臣汗硕垒乘机诱使内蒙古苏尼特部首领腾机思于顺治三年（1646）发动叛乱，土谢图汗和车臣汗皆出兵相助。由于清政府迅速出兵，叛乱很快平定。

顺治五年（1648），腾机思向清廷投降，车臣汗与土谢图汗也分别上表谢罪，清廷不念旧恶，允许他们重新遣使通贡。到顺治十二年（1655），喀尔喀三部及赛音诺颜部均遣子弟入朝，清廷为进一步加强对漠北蒙古的统治，便在他们的居住地按照满洲制度重新设立八扎萨克，并分左右两翼。其中，车臣汗、土谢图汗及赛音诺颜部属左翼，札萨克图汗属右翼。从此以后，喀尔喀蒙古与清朝的关系更加密切。

（二）

康熙元年，右翼札萨克图汗所部发生内乱，札萨克图汗旺舒克与其所属罗布藏台吉自相仇杀，旺舒克战死，其兄绰墨尔根自立为汗。但由于绰墨尔根未请示清廷，因此部众不服，大多数部众也都投向左翼土谢图汗。从此，左右两翼埋下了不和的种子。

康熙亲政后，因绰墨尔根自立为汗时未得到清政府册封，故康熙下诏废之，另立札萨克图汗之弟成衮袭封汗号。

　　成衮袭位后，便向土谢图汗索要本部的属民，但土谢图汗拒不归还，双方因此发生冲突。成衮死后，其子沙喇继位，与左翼土谢图汗之间的矛盾日深。为此，康熙多次派人进行调节，都无济于事，土谢图汗与沙喇终至兵戎相见。

　　恰在此时，势力日渐强大的漠西厄鲁特蒙古准噶尔部首领噶尔丹趁机插手喀尔喀蒙古内部事务，不断向沙喇挑衅，阴谋招降右翼，消灭左翼，以侵占喀尔喀牧地。为达到目的，噶尔丹甚至与沙俄相互勾结。

　　鉴于这种复杂的形势，康熙意识到，稳定喀尔喀蒙古，解决两翼纠纷，不但是安抚蒙古所必须的，也是制止噶尔丹与沙俄勾结、防止其在北方进一步扩张的一个关键。

　　因此，康熙决定从解决喀尔喀蒙古两翼的纠纷入手，在漠北蒙古地区进一步推行盟旗政策，以加强清政府对漠北地区的管理。

　　康熙二十五年（1686），康熙命理藩院尚书阿喇尼和达赖喇嘛代表噶尔亶西勒图共赴漠北，准备以会盟的方式解决喀尔喀蒙古两翼的矛盾。

　　八月十六日，阿喇尼召集左右两翼札萨克图汗、土谢图汗等人，于库伦（今内蒙古人民共和国首都乌兰巴托市）伯勒齐尔会盟，宣读康熙谕旨，令其冰释前嫌，将兄弟、人民各归本札萨克，彼此和谐安居。

　　经过清政府的斡旋调停，两翼各汗与台吉均表示愿意遵从康熙旨意，和睦相处，并在达赖喇嘛代表噶尔亶西勒图及喀尔喀宗教领袖哲布尊丹巴面前共同设誓。

　　此次会盟结束后，康熙为更加有效地管理蒙古喀尔喀各部，遂将原来的八旗改为十四旗。

　　但不到一年，这次会盟就因噶尔丹插手喀尔喀事务而宣告失败。康熙二十六年（1687），噶尔丹找借口悍然出兵3万，占领了札萨克图汗部，并唆使沙喇进攻土谢图汗，还令其弟多尔济札布领兵掠夺右翼人畜。

　　土谢图汗未向清廷禀告，便擅自出兵杀掉了沙喇和多尔济札布。如此一来，噶尔丹更加出师有名，遂于康熙二十七年（1688）率军大举入侵喀尔喀，在特木尔大败土谢图汗后，直驱库伦。

同时，沙俄也与噶尔丹暗中勾结，从乌丁斯克出兵助乱。喀尔喀腹背受敌，处境艰险。为维护国家主权，保护喀尔喀属民，康熙毅然决定受纳喀尔喀难民，并将其安置在内蒙古的苏尼特、乌珠穆沁、乌喇特等地游牧。

喀尔喀十四旗遭噶尔丹劫掠后，原来的部众都四散逃离，内部秩序十分混乱；迁入汛界后，又不遵循法度，与其寄居之地的内蒙古札萨克部经常发生相互杀掠事件。如果不能严格控制，就会影响到喀尔喀蒙古与内蒙古之间的关系。而内蒙古秩序一旦出现混乱，就又会给噶尔丹入侵提供借口。为此，康熙决定将内蒙古地区的盟旗制度进一步推广到喀尔喀蒙古。

康熙二十八年（1689），康熙命内蒙古所属科尔沁土谢图亲王沙律、喀尔喀达尔汉亲王诺内、台吉多尔济思札布等，率领内蒙古各旗所选派的都统、副都统、长史等官员共赴漠北，分三路增设札萨克，收集集散之众，编为旗队，教以法度。同时，在原库伦会盟十四旗的基础上有增设八旗。

康熙二十九年（1690），清军在乌兰布通大败噶尔丹后，康熙又派人敕谕噶尔丹，重申喀尔喀蒙古与清政府之间的归属关系，同时决定在多伦诺尔（今内蒙古多伦市）再次举行会盟，并要求漠北、漠南蒙古共同参加，由康熙亲自主持，以进一步团结蒙古各部，孤立噶尔丹。

康熙三十年（1691），会盟正式开始。康熙深知，喀尔喀两翼之间的矛盾关键在于札萨克图汗部贵族与土谢图汗之间的关系，就因为土谢图汗不归还札萨克图汗部的属民，两方才产生矛盾。但土谢图汗率众抗击沙俄，积极对噶尔丹军作战，相比之下，其功远大于过。因此，康熙决定恩威并施，以消除蒙古各部属之间的摩擦，加强中央集权。

（三）

五月初三，康熙召见蒙古各部贵族，让土谢图汗和哲布尊丹巴将其大过自行陈奏，以化解札萨克图汗部贵族心中的不满，然后又指出：土谢图汗虽然擅自出兵有过，但其能积极抵御沙俄入侵，哲布尊丹巴又率众来归，故朕不忍治罪，遂命各部贵族对土谢图汗之罪进行商议。

各部贵族见皇帝对此事如此重视，又首先化解了札萨克图汗部贵族的怨气，于是纷纷要求赦免土谢图汗。康熙遂将已故札萨克图汗之弟策妄札布袭封汗号，并赦免土谢图汗。

接着，康熙又命原理藩院尚书阿喇尼等前往喀尔喀蒙古分编佐领，拨给游牧地带，在原22个旗的基础上又增编了12个旗。至此，喀尔喀蒙古已达34个旗。

会盟结束之后，康熙又命阿喇尼等处理善后事务。噶尔丹势力被消灭后，康熙命喀尔喀蒙古回到漠北故土。至康熙末年，喀尔喀蒙古已达到69个旗。

在推行盟旗制度以加强对蒙古各部统治的同时，康熙还特别重视以宗教信仰为纽带，以便可以连接和维系蒙古各部之间的关系，继续奉行清初以来各帝尊崇黄教的政策。

黄教为佛教的一支，明朝初年，由西藏地区僧人宗喀巴所创立，提倡苦行，严守戒律，自服黄衣黄冠，因而被人们称之为黄教。

黄教兴起后，便在西藏地区广为流传。明万历六年（1578），达赖三世索南嘉措与漠南蒙古土默特部的俺答汗在青海湖东面的仰华寺会面，达赖三世向十余万人讲经传法，此后黄教便在内蒙古兴盛起来。

到明朝末期，黄教势力已深入漠南和厄鲁特蒙古地区，深得蒙古各部贵族的信仰。清朝初年，为笼络蒙古各部，皇太极表示要尊奉达赖，信仰黄教。入关后，顺治还隆重接待了到北京朝见的五世达赖，并授予金册金印，进一步奠定了黄教在蒙古和西藏地区的统治地位。

康熙继位后，为加强中央政府对蒙古地区的统治，一方面继续发展黄教，以表示尊重蒙古人民的宗教感情；同时鉴于西藏第巴桑结嘉错假借达赖五世之命支持噶尔丹叛乱的状况，积极扶持蒙古地区的黄教首领哲布尊丹巴呼图克图和章嘉呼图克图，以削弱达赖喇嘛与第巴桑结嘉错对蒙古地区的控制和影响，从而使得蒙古各部紧紧团结在清政府中央的周围。

在分别采取政治和宗教措施以加强中央政府与蒙古各部联系的同时，为经营和开发北疆，康熙还十分注重发展生产，繁荣经济，关系蒙古人民的生计，以推动蒙古地区的经济发展，增强蒙古各部对中央政权的向心力。这就是康熙所谓的"形胜固难凭，在德不在险"政策。

在康熙怀柔蒙古的各项措施中，尤其值得称道的是他所推行的满蒙联姻政策。

满蒙通婚是有清一代奉行不移的基本国策，也是清政府利用姻亲关系加强对蒙古各部进行政治控制的一种有力手段。康熙继位后，为经营北疆，便继续奉行满蒙联姻制度。为此，他先后将两位科尔沁贵族之女纳入宫中为妃，同时将自己的4名公主、一名侄女、若干名孙女及宗室的女儿等，陆续嫁到内蒙古草原。

不仅如此，针对当时喀尔喀各部内附的新局面，康熙还将联姻范围扩大到喀尔喀蒙古和厄鲁特蒙古，从而与蒙古各部的王公贵族都建立起了不同程度的姻亲关系，令蒙古各部进一步成为清政府"结以亲谊，托诸心腹"的依靠力量。

为加强内地与蒙古各部的联系，增强蒙古各部的边防力量，康熙还在蒙古地区各部设立邮政、驿站、军台等。在乌兰布通战役胜利后，为加强对内蒙古各旗的控制，平定噶尔丹的叛乱，康熙还特命大臣阿尔迪、理藩院尚书班迪等人赴内蒙古勘测地点，设立驿站。在康熙一朝，清政府在内蒙古地区共设立了5路驿站，分别为喜峰口驿站、古北口驿站、独石口驿站、张家口驿站和杀虎口驿站。康熙还在这些驿站上设置军台，以增强边防力量。

对外蒙地区，在昭莫多战役之前，康熙即命西路大军自杀虎口外设立驿站60处，中路自京师至独石口设立驿站4处，独石口外设立驿站60处。大败噶尔丹之后，喀尔喀返回漠北，这些军用临时驿站便改为常设驿站。

这些驿站、军台的设立，有效地加强了清政府地蒙古各部的控制与联系，对蒙古各部边防力量的加强也是一个有力的促进。

（四）

在康熙怀柔蒙古的诸多措施中，木兰秋狝与巡幸避暑山庄也发挥了重要作用。

木兰围场设立于康熙二十一年（1682），地点在内蒙古昭乌达盟、卓所图盟、锡林郭勒盟与察哈尔蒙古东四旗接壤处，东西相距150千米，南北直径近150千米，方圆面积达1万多平方千米。

由于木兰围场地处内蒙古的中心地带，北控蒙古，南拱京师，战略位置十分重要，又是清代前期北京通往内蒙古、喀尔喀蒙古、东北黑龙江及尼布楚城的重要通道。因此，康熙几乎每年都到这里行围涉猎，一方面为训练八旗子弟骁勇善战的能力，另一方面则是利用秋狝时蒙古各部贵族扈从围猎之机，接见蒙古各部的上层人物，密切清廷与蒙古各部的联系，增进团结，以使蒙古王公"畏威怀德"，从而达到充备边防、巩固基业的目的。

秋狝的规模很大。从康熙二十二年（1683）开始，康熙每年都要派出骑兵1.2万余人分三班赴口外行围，届时各部官员都要参加，蒙古各部包括青海蒙古、喀尔喀蒙古、内蒙古四十九旗王公贵族、察哈尔八旗蒙古王公官员等，也要随驾扈从。

另外，内蒙古的喀喇沁、科尔沁、翁牛特、巴林、克什克腾、敖汉等旗，每年还要派出1200名骑手和百名向导，以及随围枪手、打鹿枪手、长枪手约300人，协同行围。

行围是十分严格的军事训练，每期约20天。在此期间，每天黎明出营，列队形成一个大包围圈，然后由皇帝、太子首先射猎；事毕，将围圈缩小，此时皇帝驻马观围，由蒙满王公及各部射手尽显身手。行围结束后，皇帝会根据猎获的情况论功行赏，然后点燃篝火，举行野餐。

避暑山庄的建立，与木兰围场的秋狝有着直接的关系。每年一次的秋狝，规模宏大，成千上万的车马长途行军，中途歇息时，需要有固定储存物资的场所。因此，从康熙四十一年（1702）开始，康熙便在北京至木兰围场途中建立行宫，热河行宫便是其中之一，康熙还亲笔为其提名为"避暑山庄"。

避暑山庄不仅是康熙在木兰秋狝时所住的行宫，同时也是康熙处理民族事务、加强北部边防的政治中心。在"围班"时，康熙不仅要接见蒙古贵族，还要接见蒙古各部官员。随着蒙古各部相继归附，觐见者也越来越多，康熙每年在避暑山庄需要停留数月甚至半年。因此，避暑山庄实际上已成为清政府的第二个政治中心。

为团结外蒙古，康熙还在修建热河行宫的同时，在其外围建造了外八庙。这些庙宇大多数都是清朝在解决北部、西北部边疆和西藏问题的过程中，供前来承德朝见皇帝的各少数民族贵族王公观瞻、居住而建造的，因此也带有强烈的民族色彩。

比如在康熙五十二年（1713）时，各蒙古王公贵族前来承德为康熙庆祝六十大寿，要求修建寺庙，康熙遂命按蒙古式样修建了溥仁寺和溥善寺。后来，乾隆帝体会到祖父意图，分别按照西藏寺庙式样和维吾尔族建筑式样又陆续修建了9座寺庙。

外八庙很容易让人想起蒙古、新疆和西藏，各族上层人士来到承德后，都会产生一种亲切感。因此，避暑山庄的建立，对于康熙怀柔蒙古也产生了重要的政治作用。

第十四章 满汉一家

诚以天下事繁，日有万机，为君者一身处九重之内，所知
岂能尽乎？时常看书，知古人事，庶可以寡过。

——（清）康熙

（一）

从康熙十二年底吴三桂发动叛乱，到康熙三十六年初噶尔丹身
亡，24年间，大清朝的战事一件接着一件，康熙也从一个20岁的青年，
历经艰难与挫折的磨练，成长为一个身体健壮、经验丰富的政治家。他
变得更加从容自信，像一个久经风浪的水手，目光坚毅地望着前方，稳
稳地操纵着舵轮。他相信，自己大治天下的目标已经不远了。

康熙是个闲不住的人，军书旁午、戎马倥偬的战时自不必说，即
使是一切顺利，事少政简的平日，他也很难闲下来。用他自己的话
说，叫做"深感祖宗托付之重，不敢怠忽"。

在征讨噶尔丹期间，有一次，康熙感到身体不适没有早朝理政，
而后他对群臣说：

"朕每日听政，从未间断，闲坐深宫反觉怀抱不适，尔诸大臣面
奏政事，朕意甚快，体中亦佳。"

随着边疆及全国形势的逐渐稳定，康熙的确应该松口气了。但他很清楚，要在战场上以武力征服顽敌并不是最艰难的，对他这样一个被汉人视为满洲夷人的帝王来说，化解民族歧见、缓和满汉之间的矛盾，让汉人心服口服，才是一件长期而艰难的事。

因此，康熙一直费尽心思，但仍然经常感到满汉之间存在的隔阂。作为征服者，自然要保证满族享有统治民族的特权，但如果对汉人过于歧视，他们即使不公开反抗，也会心怀不满，消极不合作，这对治理天下自然是大为不利。

事实上，自从康熙即位伊始，这一问题就始终是清朝统治者急于解决的问题。而康熙也为此付出了艰辛的努力，并最终取得了明显的成效。

从顺治元年开始，到顺治十八年顺治帝去世，满族贵族征服全国的战争才基本结束。在康熙十二年（1673）之前，满族统治都比较风平浪静。然而，康熙十二年，吴三桂叛变，三藩之乱爆发，一下子搅动了大半个中国。

这一事件也是在告诉康熙，汉人虽然已经辫发易服30年，但却仍然人心未服。这也让年轻的康熙意识到，要统一中国，不仅要在马背上征服反叛者，还要学会下马收服人心，否则一切都将前功尽弃。

顺治在位期间，在缓和满汉矛盾方面实施了一些措施，可以说是镇压、招抚双管齐下。但是，一系列高压政策与屠杀，给汉族士大夫心中留下了难以磨灭的创伤和阴影。尽管继续组织武装抗清已难有作为，但仍有不少汉族地主士大夫，在思想上坚持反清立场，对清政府采取不合作态度。

康熙继位后，四辅臣不懂收拢人心，仍以武夫的思维方式对待汉人，对汉族地主知识分子进行严厉打击，结果令汉人的对立情绪更加激烈。

康熙自幼受汉文化熏陶，因此懂得，要想治理好国家，主要还是应靠汉人。所以在亲政后，他逐渐取消了四辅臣时期的一些落后政策，以团结汉人，为我所用，从而最终实现民族平等的愿望。

除去鳌拜的当年，康熙就下令将内三院复改为内阁，并重新设立翰林院。内阁设满、汉大学士4人，作为中央首脑机关。这些机构的建立，不但在一定程度上限制和压抑了议政王大臣的权力，同时也改变了清初以来武臣专权的不正常局面。

顺治年间，由于对汉族官员的歧视，在朝官中，同一官职的满官品级却要高于汉官。如满洲大学士、尚书、左都御史等官居一品，而汉族大学士只有五品，尚书、左都御史为二品。其他职务也是满员高于汉员。这种明显的歧视，不仅不能调动汉官的积极性，反而令他们感到耻辱，令本来就难以实心办事的情形更加严重。

针对这种状况，康熙九年（1670）三月，康熙下令统一满、汉官员的品级。不久，又修成《品级考》刊刻遵行，将满、汉官员的品级提升手续俱行划一，以利于争取汉族官员。另外，他还将满、汉官员的其他待遇也进行了调整划一，令两族官员的身份和地位都逐渐趋于平等。

（二）

除了统一满、汉两族官员的品级外，康熙还采取了另一项对汉族士大夫的招抚攻心之策。

本来满族一入关，就恢复了科举取士制度，企图对汉族士大夫诱之以功名利禄。尽管随着清朝统治的逐渐巩固，一些士大夫和年轻的读书人相继通过考试步入仕途，但一些学问素著、名望很高的大知识分子却仇恨清朝，因此循迹人间，不肯出来应试做官。

这些人在百姓中间影响很大，往往都享有一方名望，具有一定的号召力。不出来做官倒无所谓，但他们却常常著书立说，鼓动复明之志，谩骂清朝之非，这显然是新王朝的一种潜在威胁。

因此在顺治年间，清廷多次派人到民间征访遗贤，又让地方官将所辖范围内的隐逸、贤良征召为官。但这些人要么我行我素，要么托词拒绝，根本不为所动，让清廷无可奈何。

康熙很清楚，随着大规模战事的结束，对立情绪自然会逐渐缓和，因此继续征召无疑是消除仇恨、表达诚意的合理方法。所以在康熙九年时，康熙便颁诏天下，"命有司举才品优长"，又不自愿出来为官的遗老，举为"山林隐逸"之士，征聘到京，以便任用。

但是，这一策略的效果仍不明显。宁波故明翰林院编修葛世振，关中名儒李颙等人，见清廷有征召之旨，竟然称病不就，卧床不起。

后来三藩之乱爆发，康熙虽忙于平乱，却仍未忘记收服人心。康熙十七年（1678），当三藩被先后分化，平乱转机已显的关键时刻，一道谕旨由皇宫发往全国各地：

> 自古一代之兴，必有博学弘儒，振起文运，阐发经史，润色词章，以备顾问著作之选。朕万几时暇，游心文翰，思得博怡之士，用授典学。我朝定鼎以来，尊儒重道，培养人才、四海之广，实无奇才硕彦，学问渊通，文藻瑰丽，可以追踪前结者？凡有学行兼优，文词卓绝之人，不论已未出仕，着在京三品以上及科道官员；在外督、抚、布、按，各举所知，朕将亲试录用。其余内外各官，果有真知灼见，在内开送吏部；在外开报于该督抚，代为题荐。务会虚公廷访，期得真才，以副朕求贤右文之意。

于是，一场大规模的搜访举荐人才的运动随着谕旨到处开展开来。很快，就有170多人的名单被报上朝廷。

虽然一些声望卓著的大儒都没有应诏，但康熙已经很满足了。他要好好利用这次机会，表明自己的宽宏大量与求贤诚意。

十一月，各地被荐举的名士纷纷抵达京师，但康熙却不急于考察这些人的才学。他发下旨意说：冬季白天的时间太短，不利于答卷，难以显示各位学人的才华，可将考期延后，待来年春暖时再行安排。同时，他还命令礼部妥善安排应试者的食宿，每人每月发银三两、米三斗，不让各位学士有饥寒的忧虑。

康熙十八年（1679）三月初一，康熙在体仁阁亲自考试博学鸿儒143人。试毕，吏部收卷，翰林院总封，进呈皇帝。

次日，康熙在朝官和侍卫的簇拥下，带着试卷一路由京城南行，来到河北保定附近的十里铺村，亲自批阅考卷，随后交阅卷官大学士李蔚、杜立德、冯溥和翰林院掌院学士叶方蔼公阅，并商议录取人选。

经过仔细考虑，康熙认为，凡属必取之人，即使作诗出了韵，或用语犯了违碍，都一律宽容，不予计较。

本着这一原则，考试最后取中一等12人、二等30人。其中虽有些人故意作诗出错，或卷中含有影射之语，康熙都网开一面，去伪存真，将他们录用了。

经过反复商酌，最后决定将录用人员分别授以侍读、侍讲、编修、检讨等职。尽管授官后，其中个别人心中不快，觉得这种"变节"行为有负为士名节，但无论如何，康熙对遗民的宽容重用，对缓解朝野对立的情绪都起到了重大的作用。

（三）

在清朝定鼎北京的第二年，清廷便任命一些官员主持编修明史。但是，那时史官中的一些人原本为官明末，现在又投奔清朝，于修史不仅无心，更担心因史著彰显自己在明朝的劣迹；加上当时战乱正炽，胜负难料，各种资料也散落各地，难以征集，编修明史的工作根本没什么进展。

而当清朝劲旅已获得决定性胜利时，这些人见挽救无望，为表达对故国的怀念，许多人开始沉心著述，借编修明史来排遣对新朝的不满。

应该说，这是清初军事对抗结束后最令清廷统治者头痛的问题，因为明史编纂不仅时时激发着汉族士大夫们的民族情感，甚至有可能借此令渐渐沉寂下去的故国之思和反抗情绪再次抬头。

康熙四年（1665），山东道御史顾如华给康熙上了一道奏疏，建议说，要想修编明史，广泛搜集史料和传闻当然很重要，但"尤宜择词臣博雅者，兼广征海内弘通之士，同事纂辑，然后上之满汉总裁，以决去取，纂成全书，进呈御览，以成一代信史"。

既然修纂明史已成为清廷不能回避的一件大事，而亡明遗民又悉心关注，将其当成追怀故国、怀念明朝的一种寄托，且能借此显示清王朝"德意"和君王宽仁，因此，康熙便下令，将所有取中的宏博之士全部任命为史官，开始亲自关注大规模修纂明史。

与此同时，在修纂总裁官徐文元的推荐下，康熙又特旨批准召用著名学者李清、黄宗羲、黄虞稷、姜宸英等人。尽管黄宗羲以老母在堂，须尽孝子之责和个人年老有病为由拒绝应召，但康熙也不怪罪，还令地方官派人到他家中抄录他的明史著作，表示对他的研究成果的重视。

除了宽容对待黄宗羲外，康熙对待万斯同、刘献廷等人也十分仁厚。

万斯同是浙江宁波人，自幼博学强记，后成为黄宗羲的学生，"博通诸史，尤熟明代掌故"。

在万斯同看来，官设史馆所修的史书因成于多人之手，因此失于杂乱；而专家修史，虽可避免杂乱，但又独力难成。康熙修史的诚意如何他不知道，但写出高质量的明史的愿望却时时支配着他。因此，与老师黄宗羲商量后，他来到京师。

康熙见万斯同到来，喜出望外，决定授给他翰林院纂修官的职位，但万斯同拒绝接受这一职位。他表示自己不入史馆，不受官衔，不要俸禄，只以布衣身份参与史馆工作。

此后，万斯同便住在修纂总裁官徐文元家中，明史所成草稿及史事分歧均由他审校裁定，他也成为《明史》实际上的总裁官。

就在万斯同到北京的第二年，黄宗羲终于没能拒绝徐文元与另一位总裁官叶方蔼的邀请，还是派了自己的儿子黄百家北上参与修史。至此，康熙通过开馆修纂《明史》的方式，达到了笼络人才、收服人心的目的。

在这期间，明朝遗民刘献廷也被万斯同引见参与修纂《明史》。刘献廷是当时的一位久负盛名的大学者，与王夫之、顾培、彭士望等明末学者同为师友，来往密切。

康熙二十六年（1687），康熙诏修《大清一统志》，刘献廷与著名地理学家顾祖禹、黄仪也都到总裁徐乾学府中参与其事。这些人虽然都保持着遗民的身份，但他们的内心世界已经发生了重大变化。

康熙的宽容、仁厚与安抚政策，的确让汉族士大夫及在野的明朝遗民感到很大的安慰。大儒顾炎武曾走南闯北，联络抗清，虽然一直拒绝与清廷合作，但晚年时，他给在朝为官的外甥徐乾学等人的信中，也流露出了对朝廷治政的关心。

黄宗羲不仅让自己的儿子入清史馆修史，还多次在自己的著述中赞誉康熙为"圣天子"，甚至希望"同学之士，共起讲堂，以赞右文之治"。

在明史开馆后的十几年间，虽然康熙不可能完全凭此缓解满汉之间的矛盾，但自清朝开国以来，严重的反抗已经不再发生，对立情绪也极大地缓和下来。一些入仕为官者，在康熙的礼遇之下，不仅能够尽心尽力地为致治出谋划策，而且对康熙的品行治绩也都盛赞备至。

《明史》初稿大约在康熙末年才完成，后又经雍正、乾隆时期的修改，除了对满族兴起等一些史实有所回避外，在中国正史的二十四史中，尚可称是上乘之作，这不能不是说康熙的一个伟大功绩。

在康熙的努力之下，他的周围不仅团结起了一大批名流学者，康熙还将他们组织起来，为国所用，这充分体现了康熙博大的胸怀和重视人才的远见卓识。由于他的宽容、仁德，一些曾发誓不为满清效力的知识分子也纷纷被感动，最终成为清廷的忠实臣子。而康熙也将他们看成是国家最宝贵的财富，对他们诚心相待，和睦相处，从而促进了清王朝统治的稳定和国家的繁荣。

第十五章　治理河患

遇有疑难事，但据理直行，得失俱可无愧。

——（清）康熙

（一）

康熙二十五年（1686），康熙觉得国家已经在一片混乱之中艰难地走向秩序的坦途，沙俄对黑龙江的入侵已被抑制，谈判即将开始；噶尔丹虽然东来，但暂时还不至于蔓延不治；满汉之间的对立和矛盾也极大地得到了缓解。

然而，在康熙心中，长期以来难以释怀、令他寝食难安的还有一个大问题未能解决，那就是黄河的经常泛滥和漕运的不畅，并因此而直接导致黄河下游大面积水灾，饥民成群，未来平定北疆军粮供应短缺。

早在康熙二十三年（1684）九月底，康熙曾率领大批官员离京南下，经霸州、河间、德州、济南，然后到泰安，登泰山顶。十月十八日，康熙一行到达当时治理黄河的重镇江苏省宿迁。漕运总督邵甘、河道总督靳辅等官员前来迎驾，并向康熙汇报了工作情况。

此时，黄河虽然已过汛期，但在康熙眼前的，仍然是黄水滔滔，奔腾汹涌，西岸泛区积水已成泽国，黄土坡岗沟壑纵横，一派荒凉的景象。

125

多年来，康熙也一直都在关注治河、漕运，只是由于三藩之乱，让他不可能有更多的心思，拿出更多的钱财，来解决黄河经常泛滥的危害。河害问题不能有效解决，不但影响中原人民生产生活的安宁，危及他们的生命安全和社会安定，甚至还会影响到王朝的稳定和政权的巩固。

黄河在穿越内蒙古、山西、陕西和河南西部的黄土高原后，疏松的黄土就会被水流冲刷裹挟而来。随着华北平原水流减缓，黄土逐渐淤积，河底渐渐抬高，往往决堤而出，泛滥改道。

历代王朝都曾为黄河泛滥而烦恼，尤其是元代以后，中国政治中心北移，建都北京，而经济中心早在唐、宋时期便已移往南方。如此一来，无论是国家的经济依赖，还是实现对南方的政治控制，都因黄河的泛滥造成了巨大的灾难和困难，沟通南北的交通动脉和南粮北运的经济动脉大运河经常因此而被切断。此后，治河与通漕便成为国家长治久安无法回避的重要工作。

元、明两代，国家为治河和通漕积累了丰富的经验，然而明末清初的半个多世纪以来，战乱不断，黄河治理便无人顾及，河患也日渐频繁，几乎年年决口，黄水吞噬无数民命，中原几成泽国。

康熙亲政后，也开始关注前人的治河方法，但苦于国家财力不足，难以着手进行根本性治理，只能兴修一些应急小工程，以保证运道。

康熙十五年（1676），黄河在淮安、扬州一带决口，导致漕运无法进行，康熙只好派人前往视察，了解情况。经调查，原来是任职的一些官员不实心任事，一些应该做的工作未能按期完成。次年初，康熙经过精心挑选，决定任命安徽巡抚靳辅为河道总督，以加大治理黄河的力度。

靳辅上任后，一面研究以往治河的经验和教训，一面四处跋涉，走遍黄河中下游及泛滥区各地进行咨访调查，亲自观察地形水势。同时，他还选用富有治河经验的专家陈潢为助手，制定出了切实可行的治河方案。

由于靳辅的治河方案需要的人工和花费甚多，因此遭到了诸王和朝臣的反对，但康熙仍对靳辅全力支持。康熙十七年（1678）初，康熙决定支出250万两白银，限定靳辅在三年之内完成黄河的各项治理工作。大规模的黄河治理工作从此开始了。

<h1 style="text-align:center">（二）</h1>

在康熙的大力支持下，靳辅的治河方案开始实施，"各工并举"，挑清口、烂泥湾引河四道，挑清口至云梯关河道，创筑关外束水堤60千米，塞于家冈、武家墩大决口16处；创建王家营、张家庄碱水坝两座，筑周桥翟坝堤12.5千米，加培高家堰长堤，山阳、清河、安东三县黄河两岸及湖堰大小决口尽予堵塞；塞堵杨家庄决口，增建高邮南北滚水坝8处、徐州长樊大坝外月堤5.63千米；塞堵宿迁徐家湾、萧家渡决口。

这些工程的相继修竣，令失修多年的黄河逐渐又复归旧道，沿河两岸的土地又重新开辟，人们的生活也逐渐安定下来。对此，康熙多次嘉奖靳辅。

然而，康熙十九年、二十年因连遭大水，虽然一些主要堤坝经受住了考验，但仍有宿迁等地的一些堤段被水冲决。尽管靳辅日夜督工堵筑，重新加固，但朝中大臣对靳辅的攻击却比那洪水还要凶猛。

康熙深感事故重大，故于康熙二十一年（1682）派户部尚书伊桑阿、左副都御使宋文运等人一同前往江南，勘阅河工。伊桑阿等人经过实地考察，认为靳辅所建的工程多不坚固，而靳辅也反复申辩，称决口在来年必然堵塞，亦可令黄河最终顺畅入海。

康熙一时难以分辨争执双方的是非，只得暂时将靳辅革职，命他戴罪督修水毁工程，但却否定了河督换人的建议。

康熙二十二年（1683）七月，康熙终于听到河工告成的消息，他很为自己当初没有中途换掉靳辅而庆幸，当然也对靳辅终于能够完成这一艰巨的任务而万分欣喜。年底，康熙下令恢复靳辅河道总督的官职，并下令靳辅限期竣工。

高兴归高兴，但康熙的心中还是不踏实，因此在次年严冬来临前，也是乘平定三藩、统一台湾后解决俄罗斯对黑龙江侵略的间隙，康熙亲自命驾南巡，准备去看看烦扰难安的黄河和花费数百万钱财的治河工程到底是个什么样子。

康熙一行沿黄河、运河南下，一路检查河工，对靳辅的成绩给予了肯定，但同时也发现了一些问题。他认为，靳辅所修建的水坝固然能够分泄涨溢，但也存在着"水流浸灌，多坏民田"的弊端，因此希望靳辅能够做到"黄河顺势东下，水行刷沙，永无壅滞，则减水诸坝皆可不用"。

当看到高邮等地方"虽水涸，民择高阜栖息，但庐舍、田畴仍被水淹，未复生业"，康熙心中十分忧虑，因此督促靳辅要重视下河和海口工程。

在下游治河取得一定成效后，靳辅也认识到，"河南地在上游，河南有失，则江南河道淤淀不旋踵"，所以将河工逐渐移向黄河中游。这也是靳辅实施的第二阶段治河工程，时间长达3年之久。

然而在这段时间里，朝中关于疏浚海口的争论也爆发了，靳辅因此被革职。原来，康熙在第一次南巡后，不忍高邮、宝应一带民房、田地尽被淹没，便下令由安徽巡察使于成龙管理下河事务，负责疏浚海口，排出高邮、宝应一带的积水。

康熙还要求于成龙与靳辅"彼此协同"，"一切事宜均申详靳辅具题", "如无成效，将靳辅一并议处"。康熙疏浚海口主张的出发点是好的，但在实际中却不可行，因为下河最低洼处低于海面约1.7米，若疏浚海口，不仅陆地积水排不出去，还会引来海水倒灌。

对于康熙的错误主张，于成龙表示赞同，但靳辅却坚决反对，并提出了"筑堤束水以注海"的建议。为此，于成龙和靳辅意见不合，闹到了康熙那里。靳辅据理力争，毫不屈服，终于于康熙二十七年（1688）三月被革职。

（三）

康熙二十八年（1689）正月，康熙第二次南巡，并命靳辅、于成龙随行。通过一路上的耳闻目睹，康熙逐渐认识到靳辅观点的正确性，遂再次恢复靳辅的官职，并肯定了靳辅之前所做出的成绩。

不幸的是，靳辅复职不久，就因操劳过度而病倒，并于康熙三十一年（1692）十一月病逝于任上。康熙十分痛惜，降旨悼念。对于靳辅遗疏中提出的各项治河方案，康熙也命有关部门逐一落实。

靳辅去世后，于成龙被任命为河道总督。遵循靳辅的治河方案，于成龙对河工又做了一些小规模的兴修。

康熙三十四年（1695），于成龙因父丧回籍守制，漕运总督董安国继任河道总督。但董安国不仅未对治河做出有效举措，反而荒唐地在临近黄河海口的马家港修筑拦黄大坝，致使下流不畅，河工日坏。

康熙三十七年（1698），康熙撤换董安国，重新任用于成龙为河道总督。此后，黄河的治理工作基本都由康熙亲自设计指挥。

然而对于康熙的各项治河部署，于成龙却并未从速办理。虽然康熙一再传谕催促，但直到康熙三十九年（1700），治河工程仍没有较大进展，这令康熙非常不满。同年三月，于成龙病故，江南江西总督张鹏翮调任河道总督，治河工程再次进入一个新的阶段。

张鹏翮到任后，遵照康熙的指示大力治河，并于康熙四十一年（1702）基本完成了康熙部署的工程。这些工程在当年的防汛工作中发挥了巨大作用。

为对张鹏翮三年来的治河工程加以验收，康熙四十二年（1703），康熙再次南巡，并对张鹏翮的治河工程给予了肯定。三月十八日，康熙五十寿辰，他以"四海奠安，生民富庶，而河工适又告成"，特颁诏天下，大沛恩泽。

这年秋天，张鹏翮又移建中河出水口于杨家楼，逼流南趋，清水畅流敌黄，于是"海口大通，河底日深，黄水不虞倒灌"。

为了实地考察中河南口的改建工程，康熙四十四年（1705）二月，康熙第五次南巡。视察之后，康熙对张鹏翮的改建工作表示肯定，同时勉励张鹏翮再接再厉。

此后，张鹏翮与江南江西总督阿山为防治洪泽湖水侵入泗州，打算在泗州开河，令淮水分流，企图以此减弱上流的水势。但这是一项新的工程，张鹏翮不敢做主，遂上疏请求康熙前往视察定夺。

康熙四十六年（1707）四月，康熙第六次南巡。但在视察之后，康熙否定了张鹏翮的建议，认为这样会破坏农田庐舍，并且还会毁掉许多坟冢，实在不利于百姓安居乐业。

康熙四十七年（1708），张鹏翮入京为刑部尚书，河道总督换为赵世显。此后，黄河又频繁在河南一带决口。尤其是康熙六十年（1721）八月，康熙派张鹏翮前往勘察。不久，决口被堵住，康熙又另外任命陈鹏年为总河。次年，马家营又两次决口，但都很快被堵住了。

在治理黄河过程中，由于靳辅的大力修治，以及康熙的正确督导，亲理河工，黄河治理卓有成效。从康熙十六年开始，黄河决口次数锐减，沿河两岸百姓受冲决泛滥之苦的状况大有改观，民生也逐渐好转。

康熙四十二年（1703），据河臣奏报，经过数十年的治理，"海口大通，河底日深，去路甚速，淮水畅山，黄水绝倒灌之虞。下河等处洼下之区俱得田禾丰收，民居安晏"。

康熙四十四年（1705）二月，康熙也对大学士等人说：

"总河昨日来，问以河工形势，河事已大治矣。从前骆马湖口设竹络坝，湖水大坝从坝流入黄河，河水大则溢流入坝内。如今竹络坝只有河水畅流，黄水并无浸灌，则黄河之深通可知。朕初次到江南时，船在黄河上，两岸人烟树木皆一一在望。三十八年则仅见河岸，四十二年则河去岸甚低，是河身日刷深矣。自此日深一日，岂不大治？闻下河连年大熟，亦从前所未有也。"

康熙一生优礼老人和高龄官员之事不少，题词、题匾更是数不胜数。康熙三十八年，康熙曾驻于江宁织造曹寅府中。这个曹寅，便是《红楼梦》的作者曹雪芹的祖父，康熙时曾显赫一时。曹寅请出老母谒见康熙，康熙见之大喜，说"此吾家老人也"，赏赐甚厚，并御书"萱瑞堂"匾额以赐，时称为罕见的恩赏。

第十六章　康熙盛世

凡圣贤经书，一言一事，俱有至理，读书时便宜留心体
会，此可以为我法，此可以为我戒，久久贯通，则事至物来，
随感即应，而不待思索矣。

——（清）康熙

（一）

自古以来，中国封建社会便出现了几次家给人足的盛世，如西汉时
期的文景之治，唐朝时期的贞观之治和开元、天宝盛世，以及明朝时
期的仁宣之治等。

康熙后期，清王朝也出现了政局安定、土地开辟、人口繁衍的盛
况，康熙所统治的王朝也正在日渐接近历史上的盛世。在平定三藩之
乱后，尽管边疆平叛和抵御外敌入侵的战争仍在持续进行，但危及天
下太平的最大敌人却是经济的残破和人民的贫困。

当然，熟读经史的康熙根本不用绞尽脑汁地琢磨安民的良策，客观
形式已经告诉他，他只要令那些世代面朝黄土背朝天辛勤劳作的农民
有地可种，不再受苛政、兵燹和洪水的驱迫流离，经过积极生产，经
济便会逐渐恢复。

与亲征、巡视不同，康熙认为，要恢复发展生产，地方官就应保持地方"安静"，其实质基本是在历朝历代大乱之后，应奉行与民休息的传统政策。因此，每次地方官上任陛辞，康熙总是强调：为政务须谨慎仔细，不要轻易兴革。

康熙二十七年（1688）三月初一，山东布政使卫既齐陛见，康熙对他说：

"地方诸事皆有成宪，若有应行应革之处，可申详该抚，令该抚奏闻。"

半个月后，川陕总督葛思泰陛辞，康熙又指示说：

"此两省地方宁静已久，亦无事更张。"

康熙的这种安静求治的思想是符合当时的实际形势的，因为他希望国家能在稳定中求得发展。据康熙自己所说：

"朕听政二十余年，阅历事务已多，甚觉栗栗危惧。前者，凡事视以为易，自逆贼变乱之后，觉事多难处。每遇事必慎重图维，详细商榷而后定。"

康熙之所以如此希望太平，是因为三藩之乱对他的影响甚大。在康熙执政的前30年，政治上从明末沿袭下来的积弊十分严重，人民生活困苦，满汉矛盾虽然逐渐有所缓和，但社会秩序仍在动荡之中。在三藩之乱尚未平定的康熙十八年（1679），御史蒋伊"绘十二图以进"，展现在康熙面前的是难民妻女图、刑狱图、水灾图、旱灾图等，一幅幅悲惨凄凉，目不忍睹。

康熙十八年七月二十八日，京城发生地震，城堞、衙署、民房倒塌，人民死伤甚重。康熙借机向全体官员发出警告，要求各级官吏"务期洗心涤虑，实意为国为民"。并发出上谕，其中指出：

民生困苦已极，而大臣长史之家日益富饶。民间情形虽未昭著，近因家无衣食，将子女入京贱鬻者不可胜数，非其明验乎？此皆地方官吏谄媚上官，苛派百姓。总督、巡抚、司道又转而馈送在京大臣，以天生有限之物力，民间易尽之脂膏，尽归贪吏私囊，小民愁怨之气，上干天和，以致召水旱、日食、星变、地震、泉涸之异。

随后，康熙又指出，大臣们在用人上，朋比徇私，只问关系远近，不问操行品质；在平乱中，诸王将军不思安民定难，志在肥己，多侵占民财，陷民于水火；……

这一切，康熙都将其归结为：官贪害民！既然古人早有"居安思危"的告诫，何况天下未安！因此，康熙觉得，要想"与民休息，道在不扰"，首先必须整顿吏治。只有官吏清廉自持，才能让百姓免除搜刮豪夺之苦。自此，康熙便将吏治整顿置于诸务的重要地位，重点考察地方督抚和高级朝官，强调发挥监察官员的作用，对吏治进行全面的整顿。

加强制度建设，堵塞漏洞，是康熙非常重视的主要手段之一。清朝沿袭明朝的制度，在考核官员时，实行对京官6年一次的京察考核，对外官实行3年一次的大计和对武官进行5年一次的军政考核。三品以上的官员，自陈为官政绩，由吏部、都察院进行核实上奏；中低级官员由各主管官员作出鉴定，然后送吏部、都察院核实，再根据政绩优劣等情况决定升降赏罚。

为让考核确有成效而不流于形式，康熙多次指示主管部门，一定要认真负责，不徇情面。对有劣迹的官员，该惩治的惩治，该革职的革职，处罚降调毫不手软，从而令吏治有了较为明显的起色。

（二）

康熙在位期间，为恢复残破已极的社会经济，还实行了重农恤商的政策，奖励农耕，整顿赋役，扶持工商。通过对历代王朝兴衰治乱历史经验和教训的总结，康熙认为，"前史之乱率起于饥"，"国家久安长治之馈，莫不以足民为首务，必使田野开辟，盖藏有余，而又取之而不尽其力，然后民气和乐，聿成丰亨豫大之休"。

在康熙看来，经济发展、社会安定和统治巩固，都离不开农业的发展。在这些认识的基础上，康熙逐渐形成了自己的重农思想，并曾专作《农桑论》，以阐发自己的重农思想。

文中认为：纵观历史，治理国家的关键在于农桑。古代的圣帝明主，如虞舜、大禹、周公等，都强调重视农桑，不可懈怠。为什么呢？农业为人们提供粮食，桑（指纺织业）为人们提供衣服，人们常说，"农事伤则饥之本，女红废则寒之原"，百姓如果缺吃少穿，怎能安心过好日子？朕曾经亲行耤大礼，以为天下人从事农业带个头；颁行崇俭之令，督促官员们的留意，目的是想让天下百姓都能勤于耕作，加紧纺织，达到令人称颂的淳朴和乐的上古之治。如果百姓都能知道粮食、布帛的重要性，勤恳劳作，力行俭朴，国家再以道德、精神教化他们，天下就可以大治了。因此，农桑是治理国家的关键啊！

认识到了农业的重要性，康熙在位期间，便采取各种措施奖励农耕，恢复和发展残破的社会经济。其中最重要的措施，就是废除了藩产变价，将土地无偿给予耕种农民。

在明末农民大起义的狂飙中，封建地主土地所有制受到了毁灭性的打击，各家藩王、显贵、豪绅及平时凌虐、盘剥乡民的大小地主，大多都遭到了农民起义军的镇压，不少土地也因此落入广大农民手中。

这些土地尤以明朝藩王土地为多，分布于直隶、山西、山东、河南、湖北、湖南、陕西和甘肃等八省。清朝入主中原后，这些废藩田产的所有权转归国家，垦种者按藩产租额缴租，同时按民田额赋纳粮，负担沉重，垦种效果也不好。

为此，早在四大臣辅政时期，清政府便陆续将部分地区废藩田产的"加增额赋"或"增租"减除。但因藩产名义犹存，一切减免都只是临时性的，所以不仅未开垦的土地仍然无人问津，即使已经开垦的，也渐渐被撂荒。

康熙七年（1668）十月，清政府被迫下令革除"废藩名色"，改变废藩田产所有权，归耕种者所有。

但清政府的这一政策又留下了一个尾巴，那就是下令农民必须用银钱购买那些已归农民所有的废藩田产。当时的农民都处于极其贫困状态，国家的正常赋税都难以缴纳，哪里还有钱购买土地呢？因此，这一措施受到了人民的激烈反对。

为安定社会秩序，发展农业生产，康熙发布诏谕，撤销藩产变价的命令，将土地无偿分给耕种之人。这一政策鼓励了农民继续垦荒和耕种，并培养了一大批自耕农，对于当时生产的恢复和发展起到了重要的促进作用。

（三）

康熙继位之初，由于几十年的战乱，国家的工商业同样是个烂摊子。采矿业被严加禁止，签商召买的现象虽然有所禁止，但强索贱卖、关卡林立的现象却普遍存在。工商业者不仅"有输纳之苦，有过桥之苦，有过所之苦，有开江之苦，有关津之苦，有口岸之苦"，而且官吏又有溢额加级的规定，拼命勒索，所以工商业者"不苦于关，而苦于关外之苦；不苦于税，而苦于税外之苦"。

在政府和不法官吏的压榨下，清初的工商业一片萧条。为发展工商业，繁荣经济，康熙亲政后，提出了"利商便民""恤商"的口号，并采取一定的措施，恢复工商业的发展。

明朝末期，封建官吏为一己之私，往往利用手中的权力对工商业者肆行勒索，从而影响了工商业的发展。为此，康熙时期，陆续颁布了一些法令，以保护工商业者免受不法官吏的盘剥，对违反法令的官吏则加以惩治。

比如，康熙诏令，禁收关津口岸杂税，取消官吏征税溢额加级的规定，令税课照常额征收；禁止官吏扰害行户，并以之作为整饬吏治的一条标准；禁止官吏封借商船，运兵作战，允许漕船捎带商人货物；停止各地的房号银；官吏扰害商人者，允许商人首告发，提倡官吏互相参劾。

同时，康熙还在一定程度上取消了贸易和生产限制。在封建社会，一向官营的盐、茶，康熙也允许一定数量上的私贩煎煮，以致当时盐、茶私贩"千百成群，公然开店"。云贵等省，康熙还允许商人贩卖铅、硝、硫磺等。台湾统一以后，康熙甚至还允许商人携带火药、兵器出洋。

另外，康熙二十三年（1684），康熙还下令统一制钱的重量，规定每钱约重一钱，每钱一串值银一两；康熙四十三年（1704），康熙宣布废除盛京金石、金斗、关东斗等，规定各省一律改用底面平准的升斗；康熙五十八年（1719），又下令秤以十六两为一斤，升以十三号砝码为准。

这种度量衡的统一规划，在一定程度上促进了全国商业的繁荣。康熙制钱，南起云贵，北至喀尔喀蒙古、黑龙江两岸，皆畅通无阻。从此以后，内河上下，商贾穿行不绝。

经过康熙的努力，清朝时期的农业、工业和商业都渡过了几十年来的低谷，进入了一个全面恢复和迅速发展的新的历史时期。康熙能够在不长的时间内，将清初以来残破不堪的社会经济发展起来，使清王朝成为一个经济繁荣、政治统一、国力强盛的国家，尤其是在古老的农业经济中促进和保护了一些资本主义生产关系萌芽的因素，这本身就证明康熙不愧为一位圣明之君！

尽管一生成就辉煌，国家也在其治理之下日益走向繁荣，但康熙却是一位厉行节俭的皇帝。

早在康熙十六年（1677），三藩之乱正炽，给事中徐旭龄便就当时达官贵族的奢靡问题给康熙上了一个《厉行节俭疏》，指出天下灾荒频仍，人民生活困苦，八旗士兵兵饷不足、衣食不给，而各级官员却"鲜衣怒马，华侈相高；舞女歌儿，奢淫相尚"，"一家之锦衣玉食，一路之卖男鬻女也"。

徐旭龄指出，要想改变这种"文臣剥民以奉己，武臣克兵以肥家"的状况，就必须实行一切房舍建设、服饰衣着、婚丧礼仪等按等级严格控制，否则予以没收并降革处分。只有这样，才能"官省一分之费用，民即省一分之诛求"。同时，皇帝也应厉行节俭，以身率下，这样天下才能太平。

但当时军事繁紧，康熙很难只通过一个命令便能令贪官敛迹，敦行节俭，更何况康熙"宽于用法"，更"谁肯改弦易辙"？不过，康熙除了时时对官员们耳提面命外，自己同样以身作则，躬行节俭。

继位之初，康熙一直都住在清宁宫（即保和殿）。亲政后，祖母孝庄文皇后认为皇帝以殿为宫，不合礼法，还是应住在乾清宫。但当时乾清宫年久失修，栋梁朽坏非常严重，太后便下令重建。康熙当时虽然年少，但却仍下令"毋事华丽，只令朴质坚固"即可。

康熙十三年（1674）五月初三，皇后赫舍里氏生下皇子胤礽后去世。尽管康熙悲痛万分，但仍主张丧仪从俭，后官员主张拆毁旗人房屋或由江南取用楠木，康熙于心不忍，指示工部只要坚固，可用松木代替楠木，并减小规模。

康熙二十四年（1675），在康熙惩治贪官、倡导廉明期间，他自己首先要求掌膳官员传达旨意，御用酥油乳酒之类，够用即可，不必过多。他自己的服饰衣物也尽量节制增加，同时告诫各级官员谨遵定制，不要铺张奢靡，所有监察官员也必须实心稽察，"务期返朴还淳，恪循法制，以副朕敦本务实、崇尚节俭之意"。

康熙二十九年（1680），康熙令各有关衙门认真核实，公布了一组宫廷用度的数字，说明当时清宫中的一些主要花销比明朝宫廷的确已极为俭省：

> 查故明宫内，每年用金花银九十六万余两，今悉充饷。光禄寺送内用二十四万两，今止三万两；每年木柴二千六百余万斤，今止七八百万斤；红螺灰一千二百余万斤，今百余万斤；各宫床帐、舆轿、花毯之属二万余两，俱不用。故明宫殿楼亭门名七百八十六座，今不及十分之三。至各宫殿其祉墙垣，砖用临清，木用楠木。今禁中修造，出于断不得已，第用常瓦松木而已。

这不由得令朝臣由衷地赞叹说：

"我皇樽撙节俭约，至矣！极矣！"

不仅如此，康熙在《庭训格言》中还写道，自己虽然贵为天子，衣服只求适体；富有四海，而每天食用的肴馔，从不兼味。这不非勉强克制自己，实在是天性自然。而康熙所居住的殿中，所铺的地毯竟34年未曾更换。由此也可以看出，这位圣君真可谓是全心全意为国为民！

正因为康熙采取了一系列有效的措施发展经济，巩固统治，同时以身作则，率先垂范，才为后来"康乾盛世"的出现奠定了坚实的基础。

第十七章　重视西学

一夫不耕或受之饥，一妇不蚕或受之寒，是勤可以免饥寒也。

——（清）康熙

（一）

在中国的历代帝王当中，康熙是绝无仅有的从未间断过学习的一个。在位期间，康熙不仅对中国的传统文化有着浓厚的兴趣，与李光地、汤斌、高士奇、熊赐履等理学大家为友，苦学四书五经，还对自然科学倾注了大量的精力。因此，他的政治成就不仅大大超出以前的历代帝王，且在中国自然科学发展史上也占据着重要的地位。

明朝以来，一直使用刘基等人制定的《大统历》，误差积累日益严重，交食不验时有发生，节气推算也常常出现差错。为此，崇祯年间，崇祯皇帝采纳了大学士徐光启的建议，聘请德国传教士汤若望主持改进历法，并修成了《崇祯历书》。

但是，《崇祯历书》未及施行，明朝就灭亡了。清军入关后，顺治二年（1645），摄政王多尔衮将此历书改名为《时宪历》，并颁行于世，同时还任用汤若望掌钦天监监印。

顺治去世后，康熙继位，四大臣辅政掌权，对顺治时期的各项政策都进行了较大的改动。康熙三年（1664），大臣杨光先上疏，对汤若望所编修的新历进行了指责。为此，四位辅政大臣将汤若望逮捕下狱，并改任杨光先为钦天监正，废除了《时宪历》，改行新历。

但是，杨光先学养不足，上任后，历法推行连年出错，甚至还出现了一年两个春分、两个秋分的笑话，因而又受到传教士南怀仁等人的批评。

康熙亲政后，为弄清是非，于康熙七年（1668）十二月任命大学士图海会同监正马祜监测立春、雨水、太阳、火星和木星，结果显露出杨光先的错误。于是，康熙下令将杨光先革职，任命南怀仁为钦天监监副，恢复使用《时宪历》。

通过这次历法之争，康熙清楚地认识到，作为一个国家的最高统治者，如果不能通晓科学技术，就会被人蒙骗，影响对国家的统治。后来，他在回忆当时的情形时说：

"尔等惟知朕算术之精，却不知朕学算之故。朕幼时，钦天监汉官与西洋人不睦，互相参劾，几致大辟。杨光先、汤若望于午门外九卿前当面测睹日影，奈九卿中无一知其法者。朕思己不知，焉能断人之是非，因自愤而学焉。"

在这种思想的指导下，康熙亲政后不久，就开始学习自然科学。

在自然科学的学习过程中，数学是学习的基础与工具。为了精通天文历算，康熙首先开始专心学习数学。中国古代的数学水平一直都居于世界先进行列，但自宋元以后，由于统治者的轻视，数学不但发展缓慢，且不少原已发明的计算方法也湮没失传。

与之相反的是，随着西方资本主义的兴起，欧美各国的数学知识却迅速兴起并发展，且有后来居上之势。

有鉴于此，康熙就拜南怀仁、安多为师，潜心学习西方数学。为尽快掌握数学知识，在三藩之乱前的两年多时间里，康熙以极大的热情专心钻研，了解各种天文仪器、数学仪器的用法等，并系统地学习了几何学、动力学、天文学中的一些基础知识。后来虽因三藩之乱而被迫中断学习，但出于对自然科学的浓厚兴趣，稍有空闲，康熙就会认真复习之前学过的知识。

在平定三藩叛乱之后，康熙更加勤奋地学习欧洲科学。他让传教士住在京师，后来还让他们住在顺治帝曾经住过的地方；他要比利时的安多神父用汉语为他讲解数学仪器的应用、几何和算术的应用等，并刻苦学习欧几里得几何学，还不耻下问，"以令人钦佩的耐心和注意来听讲"。

学完几何学后，康熙还学习了哲学，后来又学习生理学，甚至让传教士在宫廷中建立实验室，通过实验制造出许多丸、散、膏、丹等，并用金银器盛放这些药物，"乐于把某些药物恩赐给皇子、宫廷大臣，甚至侍从"。

康熙所处的时代，正是西方科学技术飞速发展的时期。对此，康熙不固步自封，而是以博大的胸怀，饱览群书，数学、地理、天文、农学等等，无不涉猎。因此，康熙不仅成为中国历史上最早学习外语的君主，也可以说是当时中国学问最为渊博的学者。

（二）

康熙迷恋西方科学很大程度上在于它可以为自己的统治服务。在中国历代封建王朝中，律历是体现皇家权威的重要标志。运用当时已经掌握的西方科学知识，修正古代典籍上的有关差错，弥补其不足，是有为君王的重要文治内容。

康熙也认为，"取一代大典，以淑天下而范万世"，因此从康熙五十二年（1713）开始，历时8年，终于修成了《律历渊源》一书，将律、历、数都包含其中，即以《律吕正义》《历象考成》《数理精蕴》三个部分汇集成书。

《律历渊源》的第一部分是《历象考成》，分上编、下编和表，共42卷。上编主要讲述了西方天文学的基础，包括天文计算的基本知识及其应用、天文常数观测结果的处理方法、观测应用实例等。下编《明时正度》10卷，依中国正史《历志》的体例，按天体分别记述具体的推算方法，后有附表16卷。

第二部分是《律吕正义》，分三编，上编《正律审言》和下编《和声定乐》各两卷，详细地记述了康熙所定的十二律及管弦、乐器制造等；续编《协韵度曲》一卷，记述了西洋乐理，解释了五线谱的编造和用法等。

第三部分是《数理精蕴》分上编、下编和表，共53卷，是一部融中西数学于一体，内容丰富的"初等数学百科全书"。其中，上编主要内容为《几何原本》《演算法原本》；下编为包罗了算术、代数、几何、三角等初等数学在内的多方面材料。此书有康熙"御定"的名义，在康熙及之后的时期都获得了广泛流传，从而形成了乾、嘉时期数学研究的高潮。

从篇幅上看，《律历渊源》的内容是以西学为主，且对后世影响最大的是《数理精蕴》。康熙四十四年（1705），康熙在第五次南巡时，曾召见了民间数学家梅文鼎，赐之以"绩学参微"的四字匾额，当时感叹"此学今鲜知者"。

然而到乾、嘉时期，竟然出现了学者多治算的局面。为此，阮元在《畴人传》一书的开头即说：

"我圣祖仁皇帝，圣学先知，聪明天纵，御制《数理精蕴》契合道原，范围乾象，以故天下勤学之士蒸然向化。"

这话虽然有恭维之意，但就康熙及《数理精蕴》对带动清代数学发展的作用而言，并无太过。

康熙的另一项重要科学工作，是测绘了《康熙皇舆全览图》。这一工作从康熙四十六年（1707）开始，至康熙五十六年（1717）结束，历时11年。

这幅地图前有总图一幅，后有各省分图，共包括15个省及关外满、蒙之地，皆经准确测定。图中地域东抵大海，西至藏、回，"关门塞口、海汛江防、村堡戍台、驿亭津镇，其间扼冲据险、环卫交通，荒远不遗，纤细毕载"。以当时的世界水平而言，这幅地图堪称是地理学方面的最高成就了。

（三）

与此同时，康熙还如饥似渴地投身于各种自然科学知识的学习和试验之中。据白晋、张成等法国传教士所见，康熙每次出巡，都会利用刚学会使用的天文仪器，在朝臣面前愉快地进行各种测量学和天文学方面的观测。有时，他用照准仪测定太阳子午线的高度，用大型子午环测定时分，并推算所测之地的地极高度；还常测定塔和山的高度，或感兴趣的两个地点的距离。

对于与民生攸关的农学，康熙也极感兴趣，并专门作过深入的研究，甚至亲自培育过御稻米和白粟米两个优良品种。其中，御稻米不仅气味清香，且生长期短，北方也能种植，南方则可以连收两季。

对医学，康熙也十分感兴趣。为学习有关医学知识，并进行研究，他在宫中专门设立了化验室，从事医学研究。

对一些先进的医疗技术，他也极力推广。比如，他发现点种牛痘对于防治天花极其有效，便在边外的四十九旗及喀尔喀蒙古积极推广。"初种时年老人尚以为怪"，但由于康熙"坚意为之"，最终收到了很好的效果。

康熙还冲破封建的礼教束缚，谕令西方传教士巴多明将《人体解剖学》一书以满、汉两种文字译出。对此，康熙明确表示：

"身体上虽任何微小部分，必须详加多译，不可有缺。朕所以不惮麻烦，命卿等详译此书者，缘此书一出，必大有造于社会，人之生命，或可挽救不少。"

他甚至还说：

"世上无论何物，当利用之。盖上帝既以万物赐我，则善为利用，理亦宜也。"

至于兴修水利、兵器制造、地图测绘等知识，由于与巩固统治关系极为密切，康熙更加关心。如对治理黄河，他不但于"前代有关河务之书无不披阅"，而且还乘6次南巡之机，实地观测河工，同时又广咨舆情。经过十余年的努力，终于摸索出一套治理黄河行之有效的好方法，从而改变了黄河连年溃决的现状，出现了此后40多年的安澜局面。

再如，对于兵器制造，康熙也十分重视。在平定三藩和反击沙俄侵略的过程中，康熙就曾命南怀仁制造了各类新炮，并亲自到卢沟桥阅视新炮的实弹演习。

康熙十九年（1680）十月，康熙又命南怀仁铸造战炮323位，到"二十八年八月十八日，炮位告成"，"十月十九日，上率领王宫及内大臣等，幸临试放炮场，谕八旗官员各位炮手放验，俱适中本鹄，天颜喜悦"。南怀仁还写了一部《神威图说》，介绍新炮的用法。这些新炮在征讨三藩、抗击沙俄侵略及平定噶尔丹的叛乱中都发挥了很大的作用。

总之，康熙对于自然科学的兴趣始终不衰，学习自然科学也成为康熙终身爱好的事业。通过学习，康熙也成为自然科学领域内的行家，从而在决策时能够分辨是非，避免或少走了许多弯路。

康熙应该算是最早懂得向西方学习先进知识的开明君主。通过勤奋学习，特别是学习了西方先进的科学技术，康熙也能够以更加远大的目光来引领国家的走向。可以设想，如果他的后代能够沿着这种思路走下去，中国的现代化将会提前200年，这样，近代世界的历史也许会被重新改写。只可惜，聪慧、好学的康熙为自己开启了一个盛世，登上了中国历史上的一个巅峰，而他的后代却在"康乾盛世"之后，逐渐跌入了世界历史的低谷。

第十八章　废立太子

　　若夫为官者俭，则可以养廉。居官居乡，只缘不俭，宅舍
欲美，妻妾欲奉，仆隶欲多，交游欲广，不贪何从给之与？

——（清）康熙

（一）

　　历史似乎有这样一个规律：无论多么雄才大略的君主，晚年往往都
会为继承人的问题而苦恼，甚至发展成为困扰统治者的最大难题，成
为政治动荡的主因。

　　晚年时期的康熙，也一直被太子废立问题所困扰，诸位皇子争夺储
君之位的激烈斗争，令他心情郁闷，精力耗尽。但康熙不同于以往君
主的是，他直到临终前，始终都能控制政局，从而给身后留下了一位
励精图治、勉励有为的皇帝。在复杂激烈而又特殊的政治斗争中，康
熙的缜密风格帮助他直至终局都始终掌控着全盘。

　　康熙十四年（1675）六月，平定三藩的战役正在进行之际，年仅22
岁的康熙竟然出人意料地传谕，要立皇后赫舍里氏所生的刚刚周岁的
皇子胤礽为皇太子。同年十二月十二日，康熙派遣官员告祭天地、太
庙、社稷。此时，他又亲御太和殿，举行册立太子的典礼。十四日，

在诸王、贝勒、文武大臣进表祝贺之后，康熙又正式颁诏天下，将此事告知四海臣民。

之所以如此急迫地立胤礽为太子，是因为胤礽的生母为康熙的结发妻子孝诚仁皇后赫舍里氏，而赫舍里氏又因生皇子胤礽大出血而去世。所以，康熙便将对爱妻的全部感情转移到这个孩子身上，立其为太子。

为将皇太子胤礽培养成为异日的孝子贤君，康熙可谓倾注了大量的心血。自从册立胤礽为太子后，康熙便成为胤礽的启蒙老师，亲自为太子讲授四书五经。

到太子6岁时，康熙又特请当时的名儒、曾为自己经筵讲官的张英、李光地、熊赐履、汤斌等人，作为太子的辅导老师。几位大臣受命后，尽心启沃，令年幼的胤礽系统地接受了儒家传统思想教育。

在皇父和师傅们的严格教导下，自幼聪颖的胤礽进步很快，8岁时便已通晓满、汉两种文字，并能流利地背诵"四书"。几年后，他又能左右开弓，娴熟骑射；成人后，更是长得身材魁梧，举止大方，仪表不凡。

在这期间，康熙也渐渐开始让胤礽帮助处理朝中政务，以锻炼太子的治国理政能力。由于太子处事认真，恪尽职守，不仅康熙感到满意，朝中文武大臣也都个个赞不绝口。

太子成年后，逐渐加入到政务当中，这在一定程度上也成为加强皇权、限制权臣擅政的有力措施。平定三藩后，康熙在内政外交方面可谓事事顺手，边防征伐，战绩大著；内政治理，臻于至治，出现了清军入关后从未有过的全盛局面。这显然与立太子后统治集团核心的加强有着直接关系。

为此，从康熙二十年后，康熙也开始极力维护太子的地位和权威，对于藐视太子、固守满族旧俗的臣工，不论他们职位多高，权势多大，也都会严加打击，毫不留情。为将太子培养成人并巩固其储君地位，康熙可谓竭尽全力。

然而，随着太子年龄的增长和从政时间的增多，康熙与太子之间的矛盾也开始产生，并不断发展、激化。正是这些矛盾的不断发展，才导致康熙最终废掉了自己一手扶植起来的储君。

（二）

由于受利益驱使，在中国历代王朝历史上，子弑父、弟弑兄的事例不胜枚举。作为中国历史上的一个封建王朝，清朝当然也不例外。不立储在罢，只要设立储君，就必然会爆发皇、储之争。

康熙立储后的十几年中，皇、储之间的矛盾并未发生，不过这只是因为皇太子年龄尚幼之故。一旦太子长大成人，并开始参政，就必然会在保住和争夺最高权位的问题上爆发皇、储之争。这不仅源于历史根源，还源于清朝政权的特殊性。

清室的先世并无立储的传统，而是于旧君去世后，由八旗旗主共同拥立新君。康熙提前立储，在满族政权历史上是一个创举。虽然如此，但康熙在位期间，八和硕贝勒共治国政的习惯势力和心理观念依然存在。因此，康熙立太子后，各级满族贵族，尤其是分到下五旗的康熙的其他儿子们，从心理上都无法接受这一现实，致使太子胤礽成为众矢之的。他们到处散播留言，中伤胤礽。

而太子胤礽从小便深得康熙宠爱，且长大后参与政事，具有特殊的权力，因而也养成了骄纵和暴戾的性情。康熙在立储时，又未能吸收前朝的经验，让太子过早参与朝政，又没有分封诸位皇子为王，并令他们也参与到国事当中来。这样，随着皇太子年龄的增长和开始从政，以及诸王的陆续受封，皇帝与储君、储君与诸王之间的矛盾也不可避免地爆发了。

康熙二十九年（1790），康熙在亲征噶尔丹的归途中生了病，十分想念太子，于是急召留居京城的太子胤礽和皇三子胤祉前来伺疾。

然而太子在伺疾时，竟然毫无忧戚之色，谈笑如常。这让康熙十分不满，认为太子无忠君爱父之德，实属不孝，当即令太子先回京师。

康熙三十五年（1796）以后，康熙与太子胤礽之间的矛盾进一步发展。在康熙三十五、三十六年，康熙先后三次亲率大军西征噶尔丹，其他成年皇子也都随师出征，胤礽则以皇太子之故留守京师，不仅"代行郊祀礼"，而且"各部院奏章，停其驰奏御前，听太子处理。事重要，诸大臣议定，启太子"。可以说，这是康熙对太子的最大信任。

然而康熙刚刚离开京城，胤礽为扩大自己的势力，便拉拢起自己的小集团。康熙回京后，了解到太子手下的这些人倚仗太子的权势，任意妄为，十分愤怒，当下不由分说，便将"太子左右用事者置于法"。

康熙惩治太子同党，其本意是教育太子，希望他能遵守法纪，不要肆意逾越，但却起到了反作用，让太子胤礽与康熙之间的心理距离愈来愈远。失望之余，康熙便决定拿太子的亲信索额图开刀，以挽救太子。

康熙四十二年（1703）五月，康熙诏令逮捕索额图，以其"议论国事，结党妄行"之罪，将其囚禁。不久，索额图死于狱中。

同时，康熙还诏令将党附太子的"诸臣同族子孙在部院者皆夺官"，从而清洗了太子经营多年的党派。对此，太子胤礽心中十分不满，但又无可奈何。自此，太子变得更加冷酷残暴。

康熙四十七年（1708）夏，太子随康熙北巡塞外。在此期间，太子对随行的诸王、大臣、贝勒稍有不满，动手就打；外藩蒙古向康熙进献马匹，太子看到哪匹马好，下手就夺。

这年九月，康熙的十八子胤祄因病而亡，年仅8岁。康熙十分悲痛，可太子毫无悲戚之色，这更加加深了康熙对他的厌恶。康熙对此深加指责，胤礽不但不悔改，还忿然大怒，甚至每夜逼近康熙行宫，从缝隙中向内窥视，令康熙"昼夜戒慎，不得安宁，不知今日被鸩，或是明日遇害"。

鉴于太子胤礽以往的种种恶行，康熙终于忍无可忍。康熙四十七年九月初四，康熙颁诏，将皇太子胤礽拘禁并当众宣布其罪状。回京后，二十四日，康熙正式颁诏，告知天下，废掉太子胤礽，同时将胤礽拘禁于咸安宫。

（三）

皇太子被废后，太子的位子便空缺出来，这也令康熙的诸位皇子们有了争夺储位的机会。因此，他们一个个或摩拳擦掌，赤臂上阵，或暗施伎俩，玩弄阴谋，争夺储君的位置。其中，最为活跃的是皇长子胤禔和皇八子胤禩。

皇长子胤禔生于康熙十一年（1672），比胤礽大两岁。因为庶出之子，故未被立为太子。但康熙对胤禔比较器重，多次对其委以重任，令其参与国务处理。所以，胤禔在国家政治生活中的地位也不断提升。

康熙四十年（1701）前后，康熙与太子胤礽之间的矛盾不断激化，胤禔为让康熙尽快废掉胤礽，大搞阴谋手段，找了一个名叫巴汉格隆的蒙古喇嘛，用旁门左道的法术镇魇太子，企图以妖术咒死皇太子，自己好取而代之。

康熙四十七年（1708），太子被废后，康熙在巡幸塞外期间拘禁了太子胤礽。由于胤禔在诸皇子中年龄最长，故而命他来到自己身边，担任宿卫任务。这让胤禔大喜过望，认为自己距离储君之位已经不远了。

然而，康熙早已看透胤禔的心思，因此在宣布废黜胤礽的同时，也同时宣谕：

"朕前命直郡王胤禔善护朕躬，并无欲立胤禔为太子之意。胤禔秉性急躁愚顽，岂可立为皇太子？"

虽然康熙已经明谕，但胤禔仍不死心，一面在康熙面前极力表现孝道，一面暗中活动，企图除掉废太子。同时，考虑到皇八子胤禩在诸位皇子及大臣中声望较高，是自己争夺储君之位的就一个劲敌，他还向康熙揭发"相面人张明德曾相胤禩，后必大贵"，以使康熙的建储天平向自己倾斜。

康熙经过调查审理，最终发现胤禔、胤禩、张明德等都串通一气，企图阴谋除掉废太子胤礽。

不久，胤禔指示蒙古喇嘛诅咒太子胤礽的恶行也被揭发出来。康熙大怒，遂下令将胤禔囚禁起来。

胤禔夺嫡失败时只有37岁，此后被囚禁在高墙之内长达26年之久。直到雍正十二年（1734）十一月初一日死于禁所，终年63岁。

皇八子胤禩出生于康熙二十年（1681）二月初十日。他自幼聪敏机灵，工于心计，不但会千方百计地讨父皇欢心，还很善于处理与其他皇子的关系，并令其中的一些人成为自己的支持者。皇九子胤禟、皇十四子胤禵都党附于他，就连皇长子胤禔也曾为其所用。

但胤禩很清楚，自己要想登上皇太子的宝座，可不是件容易事，因为他的母亲卫氏生于奴仆之家，是皇家的家奴，地位低微，他不可能依靠母亲的关系被封为太子。所以，他只能慢慢积蓄力量，等待时机。

太子胤礽第一次被废后，胤禩及其同党便跃跃欲试，但康熙对胤禩利用张明德相面为自己立嗣的行为十分不满，导致胤禩在他心中的形象大损。

不久，康熙召集大臣，面谕他们除长子胤禔外，从其他皇子中选出一位，立为太子，但不允许大臣之间互相瞻顾，私下探听。然而，领侍卫内大臣阿灵阿（遏必隆之子）、鄂伦岱（内大臣、佟国纲之子）和尚书王鸿绪等仍然私下密议，暗通消息，最后一致举荐皇八子胤禩。

康熙得知诸王和大臣均一致推举此刻正被自己关入狱中的胤禩为太子时，十分震惊。他很清楚，众位大臣推举正在拘禁中的胤禩，无疑是在向自己显示皇八子胤禩集团的阵容。如果立胤禩为太子，那就势必会出现一个自己所不能控制的权力中心，日后也必定会出现大乱。

康熙感到事有蹊跷，便令内侍向诸王及大臣传谕说：

"立皇太子之事，关系甚大，尔等各宜尽心详议。八阿哥未尝更事，近又罹罪，且其母家亦甚微贱，尔等其再思之。"

同时，康熙还暗中释放了废太子胤礽，并复封胤禩为多贝勒，以缓冲因废立太子引发的政治矛盾，稳定人心。

然而，康熙对诸臣保举胤禩为太子一事仍耿耿于怀，决定追查幕后根源。他意识到，胤禩已在朝中培植起了自己的政治势力，如果不加以抑制，将来必定会危害自己的皇位。

经仔细查办，康熙最终查出拥立胤禩为太子的幕后之人为其舅佟国维及大学士马齐。康熙对两人严厉斥责，并作出处理决定，因二人"任用多年，不忍即诛"，因此，"其同族职官及部院人员俱革退；世袭之职，亦著除去，不准承袭"。

由此，胤禩的个人威望和私党势力元气大伤，但胤禩本人却不肯认输，此后多年仍然没有放弃对太子之位的争夺，以致康熙最终与其断绝父子之恩。

（四）

经过反复的思想斗争，康熙四十八年（1709）三月，康熙又复立胤礽为太子。从胤礽于康熙四十七年九月被废，到四十八年三月复出，康熙为何会在短短半年的时间中，就对胤礽的态度来了个180度大转弯呢？

首先，康熙对胤礽的认识的逐渐转变，是胤礽得以复出的一个重要原因。康熙在初废胤礽时，简直是怒不可遏，废黜后的第六日，他说：

"今皇太子所行若比，朕是不胜愤懑，至今六日，未尝安寝。"

但由于胤礽被废，皇、储对立暂时消失，一些事件的陆续发生及事件真相的渐次披露，促使康熙前思后想，痛定思痛，从而对胤礽的认识逐渐发生了变化。

在康熙刚刚废掉太子时，胤礽就为自己申诉称：

"皇父若说我别样的不是，事事都有，只弑逆之事，我实无此心。"

康熙听完太子的辩解后，立即下令将胤礽项上的枷锁解除。这表明，康熙也觉得自己与胤礽之间的关系尚未达到父子彻底决裂的地步，之前自己确实过分看重胤礽弑逆一事了。

其次，太子胤礽被废之后，在诸位皇子争夺储君的过程中，由于互相攻讦，他们对胤礽暗中迫害、中伤的一些丑行逐渐暴露，这也令康熙感到，他们为胤礽罗列的诸多罪状，"其中多属虚诬"。

尤其是胤禔镇魇太子胤礽事发后，康熙更将此前胤礽的一些不仁不孝的行为与之联系起来。在废掉胤礽的当月，康熙就对内大臣、大学士、翰林官员等人说：

"近观胤礽所行之事，与众人大有不同，白天多沉睡不醒，夜晚才吃饭饮酒，而且喝几十大觥不醉。每对月神明，则惊恐万状，不能成礼；一遇阴雨雷电，则灰心失望，不知所措；不安寝处，忽起忽坐，语言颠倒，如同患了狂躁之病症，又仿佛像有鬼物附体。"

十月十七日，当在胤禔府中搜查出一些镇魇物件时，康熙更加确信，"朕从前将胤礽所做诸恶事，皆信以为实"，如今看来，"吾儿实被魔魅使然，这是确切无疑的了"。

为此，康熙还特意召见胤礽，问他以前所作所为，胤礽竟然假装全然不知。当然，是咒术真灵验还是装傻，只有胤礽自己心中明白，但康熙却确信胤礽是被胤禔所害。为此，康熙追悔万分，思想负担日益沉重，甚至经常做恶梦，梦见自己已故的祖母孝庄太皇太后远他而坐，一言不发，"颜色殊不乐"；还梦见胤礽的生母赫舍里氏欲言又止，面露难色，似乎要向他倾诉胤礽的冤屈。

因此，在一段时间内，康熙的精神几近崩溃，甚至无日不伤心流泪，身体也一天天消瘦下去。十月十九日，在朝中大臣的劝说之下，康熙离开紫禁城，到南苑行围，但在途中却不幸病倒了。

大臣们不敢拖延，急忙护驾返回宫中。回宫后，康熙便传旨召见胤礽。虽然父子未多说话，但康熙顿觉胸中郁闷之感减轻。此后，康熙便经常召见胤礽，而且每"召见一次，胸中疏快一次"。这样，在废黜太子后，康熙与胤礽的关系逐渐重新弥合，从而令胤礽复位成为可能。

康熙四十八年三月，康熙终于下定决心，不顾大臣的反对，复立胤礽为太子，

但是，胤礽复位之后，皇权与储权之间的斗争又重新开始了，原先的太子党又重新集结在胤礽周围，侵吞康熙的皇权。对此，康熙也渐有察觉。

康熙五十年（1711）十月，康熙在御临畅春园大西门内箭厅时，对诸王、贝勒、贝子及文武大臣说：

"今国家大臣有为太子而援结朋党者，诸大臣皆朕擢用之人，受恩五十年矣，其党附皇太子者，意将何为耶？"

随后又召太子朋党鄂缮、耿额、齐世武等人查问，但他们均矢口否认。康熙不容他们抵赖，因为耿额原为索额图家奴，康熙气愤地说；

"索额图之党竟不断绝，俱欲为索额图报复，……若不惩治，将为国之乱阶矣！"

故而当场下诏，将额缮、耿额等人锁拿审问，并对他们进行了严

肃处理。

与此同时，储君与诸位皇子之间的矛盾也重新激化。由于胤礽已有过一次被废经历，在全国臣民中形象大为降低，因此在复出后，有意争夺储君位置的皇子们又重新将矛头对准他，令他重新成为众矢之的。而胤礽也有过险被夺嫡的遭遇，故对诸位兄弟都格外戒备，时刻提防。如此一来，他们之间的矛盾比过去更加激烈。

而令康熙更加失望的是，胤礽在重新获得权力和地位后，不知审时度势，吸取先前失败的教训，反而继续摆太子的派头，不但常派家奴到各省富饶之区勒索财物美女，在饮食、服饰、陈设等方面，也较之康熙"殆而倍之"。稍有不满，胤礽就会向康熙诬告阻拦之人，甚至要杀掉对方。只是由于康熙施行仁政，才"不曾诛"。

如此一来，朝中大臣都莫衷一是。若逢迎太子，被康熙知道后，马上就会大祸临头；若"倾心向主"，不屈从于太子，又害怕日后储君继位遭到惩罚。因此，胤礽的所作所为不仅严重影响了康熙的权威，还导致政局出现混乱。

结果，胤礽复立太子不到三年的时间，康熙就再也无法容忍了。康熙五十一年（1712）九月三十日，康熙以胤礽"自复立以来，狂疾未除，大失人心，祖宗宏业断不可托付此人"，将胤礽拘执看守。十一月十六日，康熙以再废太子一事遣官告祭天地、太庙、社稷。从此，胤礽再次成为阶下囚，并再也未能翻身。

第十九章　溘然长逝

慎重者，敬也。当无事时，敬以自持；而有事时，即敬以
应事，务必谨终如始慎，修思荣习而安焉，自无废事。

——（清）康熙

（一）

皇太子胤礽的两次被废，给康熙以极其深刻的教训。如果初废太子之际，康熙尚将此事简单地归结为胤礽个人的"不仁不孝"，那么第二次废掉胤礽的太子之位后，康熙已经意识到了皇帝与储君、储君与诸位皇子之间的矛盾和斗争，其实就是一场权位之争。

这时的康熙发现，皇、储之间的矛盾之所以不能根除，其根本原因就在于30多年前自己所定的建储制度不完善，从而导致皇、储对立，储权侵犯皇权。

因此，康熙五十一年（1712）十月，胤礽再度被废后，康熙的处境也变得十分被动。太子两立两废，令广大臣民对他的各种决定的正确性产生了怀疑，从而大大地影响了康熙的帝王威信。

同时，由于太子再度被废，诸皇子争夺储位的斗争再次出现复起之势。而就当时争夺太子之位的几位皇子看来，哪一个都不是理想的人选。如果勉强凑合，将其中的一个立为皇子，除了会再给自己树立一

个对立者之外，还可能引起更多的社会矛盾。

面对这种形势，康熙感到极其困惑，内心也十分痛苦。为了防止自己的威信进一步下降，并制止皇子之间的争储斗争再度重演，康熙一反以前的立场，对立储一事表示出相当消极的态度：禁言立储，并且不再立太子。

虽然如此，康熙年逾花甲，身体渐不如前，臣下建言立储者还是大有人在。但此时，已经吃尽立太子苦头的康熙再也不想立太子了。最初，对于臣下建言者，他还能正面加以开导和解释，向他们介绍历史经验，说明不立太子比立太子更能令天下太平，而且立太子关系重大，必须慎重行事。

到后来，康熙五十七年（1718）前后，大学士、九卿疏请立储，康熙又诏令他们"裁定太子仪仗"。显然，如果再立太子，康熙也要对其权力、仪仗等加以限制。

再后来，康熙越来越倾向于不立太子了，臣下有建言立储者，康熙不是寻找借口拖延不办，就是加以申斥，甚至施以处罚。如康熙六十年（1721）三月，监察御史陶彝等十二人再次建言立储，康熙大发雷霆，斥责他们"意欲动摇清朝"，并威胁他们说：

"朕并无诛戮大臣之意，大臣自取其死，朕亦无如之何。"

而后，康熙将建言者作为额外章京，发往西陲。

同时，针对一些建言者提出的"命皇太子在皇帝左右，禀承皇上指示，赞襄办理"的建议，康熙也严词拒绝，并明确表示：

"天无二日，民无二主，天下之事，岂可分理乎？"

对于臣下普遍关心的他身后的具体继嗣人选，康熙也只是笼统地表示：

"朕万年后，必择一坚固可托之人，与尔等做主，必令尔等倾心悦服，断不致贻累尔诸臣也。"

但究竟康熙心中所定的储君为谁，十几年的时间里，他一直没有公布。

（二）

在康熙再废太子后的争夺储位的斗争中，值得注意的是皇十四子胤禵。胤禵生于康熙二十七年（1688），与皇四子胤禛同母。

康熙四十七年（1708），康熙初废太子后，胤禵的年龄不过20岁，还只是胤禩的一个附和着。太子二度被废后，眼看原来有望立为储君的胤褆、胤禩不是遭到囚禁，就是受到责罚，胤禵的心中萌发起了希望之火，并开始暗中进行谋夺储位的活动。

为争取在朝官员的支持，胤禵礼贤下士，广泛联络，对于一些有影响的人物，如大学士李光地的门人陈万策，他还"待以高坐，呼以先生"。通过这些努力，胤禵在当时博得了"十四爷礼贤下士"的美誉。

康熙五十七年（1718），策旺阿拉布坦入侵西藏，又为胤禵提供一个崭露头角的机会。当年十月，康熙任命他为抚远大将军，率兵西征。康熙还在太和殿向胤禵亲授大将军敕印，并命其乘马出天安门，诸王及二品以上文武官员齐至德胜门军营送行。同时，康熙还特准他"用正黄旗旗纛，照依王纛式样"，在军中称"大将军王"。

自康熙初年以来，从未有哪个皇子膺此殊荣。因此，原先为胤禵一党的胤禩、胤禟皆以为储位非胤禵莫属，个个兴高采烈。期间，胤禟还多次前往胤禵家中，向他祝贺并赠送银两礼物等，嘱其"早成大功，得立为皇太子"。

康熙五十九年（1720），胤禵督率大军入藏，建立了卓越功勋。但在康熙六十年（1721）回朝入觐时，康熙却并未立胤禵为皇太子，而是令他再返回军营，继续经营西藏。胤禵"立了大功，早正储位"之愿未遂，甚为不悦，但也无可奈何。

在争夺储君之位的斗争中，上述诸位皇子虽然都希望获得储位，并且也都参与到康熙末年的争储斗争当中，但他们大多急功近利，志大才疏，不仅没有切实可行的行动方案，举止也十分张狂。

与这些皇子相比，皇四子胤禛则大为不同。对于此事，他采取了调和的态度。一方面，他力劝康熙息怒，以保重身体；另一方面，对废太子胤礽，他也不落井下石，而是在不让自己卷入斗争旋涡的前提下，有机会时，还会为胤礽说上几句好话。

康熙废掉太子前后，胤禔、胤禩做了许多不当之事，但胤禛从不向康熙揭发。在康熙回心转意，对胤礽态度缓和下来后，想起胤禛顾全大局的做法，当众称赞他"性量过人"，"深知大义"，"询为伟人"。而这时，胤禛却矢口否认他曾为废太子说过好话，并说：

"皇父褒嘉之旨，儿臣不敢承受。"

对于胤禔、胤禩公开竞争储位的做法，胤禛既不表示支持，也不表示反对。同时，他还一再表示自己无意营求储位。

正是这种态度，让胤禛在康熙初废太子的风波中，既未像胤礽、胤禔、胤禩一样，受到康熙的严厉打击而声名大损，也未像其他年幼的皇子一样，唯唯诺诺，无所表现。因此，康熙四十八年，胤禛与皇三子胤祉、皇五子胤祺一起受封为亲王，政治地位大大提升，成为在这场政治风波中获得实惠最多的一个皇子。

晚年时期的康熙，心境十分不好，家庭生活也不幸福。考虑到这一点，胤禛还在康熙诞辰或闲暇之日，邀请其临幸圆明园或热河避暑山庄狮子园，举行家庭宴会。席间，父子、翁媳、祖孙欢聚一堂，其乐融融。宴会之后，他又请老皇帝逗孙为乐，让康熙享受一些天伦之乐。这样，尽管当时的康熙不建储君，但在考虑身后之事时，至少也将胤禛当成了一个候选目标。

同时，为迷惑政敌，胤禛还有意与一些僧衲往来，并自我标榜为"天下第一闲人"，以表示自己与世无争。而暗地里，他也在积极培植自己的势力，千方百计招揽官员。

经过数年经营，以胤禛为核心，也形成了一个政治集团。这个集团中的主要人物有川陕总督年羹尧、湖广总督魏经国、四川布政使戴铎、河南开归道戴锦、兰州府同知沈廷正、步兵统领隆科多、皇十三子胤祥等。正是在这些人的协助下，胤禛才在康熙死后顺利继位为君，在康熙末年的争储斗争中取得了最终的胜利。

<h1 style="text-align:center">（三）</h1>

康熙五十七年（1718）以后，康熙的身体每况愈下，经常感到头晕目眩，手颤心跳。到康熙五十八年（1719），他又说自己"气血渐衰，精神渐减，办事颇觉疲惫，写字手亦渐颤"。当年冬至祭天，因患足疾，康熙只好令皇三子胤祉代行祭天之礼。康熙六十年（1721）春，康熙更增"易倦善忘"之症。冬至祭天时，又下诏命胤禛代行祭天之礼。

尽管如此，康熙仍然鞠躬尽瘁，并于康熙六十一年（1722）春巡视畿甸，察吏安民；夏天，又北巡塞北；九月底回到北京后，又忙于处理各种政务。

康熙六十一年十月二十一日，康熙在巡视塞北返京20多天后，又赶往南苑行围。由于多日劳累，身体虚弱，再加上时值隆冬，气候寒冷，康熙感染了风寒。

十一月初七，康熙回到畅春园养病。按惯例，十一月十五日冬至节时，康熙要亲自前往南郊举行祭天大典。但因生病，康熙只好又下诏命皇四子胤禛代行祭礼并令其预先斋戒。

多年来，康熙一直疾病缠身，却都闯了过来，因此对此次感染风寒并未在意，依然照常处理各种政务。该月的初十、十一、十二，胤禛在斋戒期间，曾连日派太监、侍卫问候康熙病情，而每次他都随便回答"朕体稍愈"。

谁知十二日深夜，康熙病情忽然恶化。夜半刚过，康熙急召皇四子胤禛于斋所，命其速速赶赴畅春园，南郊祭典改派公吴尔占恭代行；同时又召皇三子胤祉、皇七子胤祐、皇八子胤禩、皇九子胤禟、皇十三子胤祥、理藩院尚书隆科多等人，齐至御榻之侧，将多年来秘而不宣的立储人选告知他们，谕令他们说：

"皇四子胤禛人品贵重，为人行事都符合朕的心愿，一定能够挑起治理天下的重担。兹以他继朕为君，即皇帝之位。"

康熙在下达这道谕旨时，胤禛并不在场。他赶到畅春园时，已经是次日上午10点左右了。胤禛回来后，急忙去看望康熙。康熙又将数日来自己病情日渐严重的情况告诉胤禛。眼见皇父已被疾病折磨得奄奄一息，十分痛苦，胤禛饱含热泪，对皇父进行了一番安抚。

康熙六十一年十一月十三日晚，这位为大清王朝的昌盛和繁荣奋斗了60多年的一代英主康熙皇帝，满怀着对他的江山和子民的无限眷恋之情告别了人世，在位62年，终年69岁。

当夜，在康熙的诸位皇子与理藩院尚书、步兵统领隆科多的严密护卫下，康熙的遗体从畅春园移回紫禁城乾清宫。为防止国丧期间可能发生的各种变乱，京城九门全部关闭。十六日，朝廷向全国颁布了康熙遗诏，其中还增加了继承人与丧事遵照礼制办理两条。

十九日，胤禛以登基遣官告祭天地、太庙、社稷坛，京城开禁。二十日，胤禛御太和殿登基，受百官朝贺，颁布即位诏书，改明年为雍正元年。二十八日，为康熙上尊，谥为"合天弘运文武睿哲恭俭宽裕孝敬诚信功德大成仁皇帝"，庙号"圣祖"。十二月初三日，康熙的遗体被移送到景山寿皇殿。

雍正元年（1723）四月，雍正帝胤禛亲自送康熙帝灵柩至景陵地宫安放。从此，这个对于中国古代社会进步产生过重要推动作用的一代英主康熙皇帝，便长眠于景陵之下的地宫之中。

163

康熙五十二年（1713）农历三月，康熙六十寿诞，遂在畅春园举办了第一次千叟宴，宴请从天下来京师为自己祝寿的老人。康熙六十一年（1722）农历正月，康熙帝年届69岁，为预庆自己70岁生日，又在乾清宫举办了第二次千叟宴，当时12岁的弘历作为皇孙参加了这次宴会。千叟宴宏大的场面给幼小的弘历留下了深刻印象，他继位后，也效法祖父，举办了两次千叟宴，第一次是在乾隆五十年（1785）正月，为纪念自己继位50周年，75岁的弘历在乾清宫举办了第一次千叟宴。嘉庆元年（1796）正月，弘历退位，作为太上皇，他在宁寿宫皇极殿举办了第二次千叟宴，这次宴会也成了历史上千叟宴的绝唱。

康熙生平大事年表

1654年5月4日　顺治十一年三月十八日，爱新觉罗·玄烨出生于北京紫禁城景仁宫。

1658年　顺治十五年，开始随从站班。

1661年　顺治十八年，顺治帝福临病逝。次日，颁遗诏于天下。初九日，玄烨即位，以索尼、苏克萨哈、遏必隆、鳌拜四大臣辅政。改次年为康熙元年。

1662年　康熙元年，吴三桂杀明永历帝。郑成功死，其子郑经嗣王位。

1667年　康熙六年，康熙亲政，自此开始，每日御门听政。鳌拜杀辅政大臣苏克萨哈。

1669年　康熙八年，智擒鳌拜，定其大罪30余条，并诛其同党穆里玛、塞本得、班布尔善等。

1670年　康熙九年，定原耕明藩王田地者，只纳正赋，免征租银。

1671年　康熙十年，停止盐差巡历地方。巡视盛京内外城池。

1672年　康熙十一年，厄鲁特蒙古准噶尔部首领噶尔丹遣使入贡。先后豁免安徽、山东部分州县虚报开垦并抛荒、水冲、沙压田地额赋。

1673年　康熙十二年，平南王尚可喜上疏请求归老辽东，许之。平西王吴三桂、靖南王耿精忠先后上疏请求撤藩，皆许之。吴三桂于云南发动叛乱。

1674年　康熙十三年，吴三桂率兵北上，湖南常德、澧州、长沙、岳州相继沦陷。广西将军孙延龄据广西叛变。耿精忠、王辅臣先后反叛。

1675年　康熙十四年，宁夏兵变。

1676年　康熙十五年，耿精忠、王辅臣先后降清。

1677年　康熙十六年，尚可喜之子尚之信降清。郑经兵犯泉州、钦州，清军击败之。

1678年　康熙十七年，吴三桂称帝。是年，吴三桂死，其孙吴世璠在云南嗣位。

1680年　康熙十九年，郑经败走台湾，多年来郑经在福建沿海所占之地皆入清。

1681年　康熙二十年，郑经死，其子郑克塽继立，康熙下令乘机攻取澎湖、台湾。清军破云南，吴世璠自杀，三藩之乱平定。

1682年　康熙二十一年，以云南底定、海宇荡平，告祭盛京三陵。

1683年　康熙二十二年，施琅取澎湖，入台湾，郑克塽受诏，台湾统一。诏谕侵略黑龙江的沙俄匪徒。

1684年　康熙二十三年，设立台湾府、县官，隶福建行省。黑龙江将军萨布素奏沙俄掠黑龙江，请求发兵抵抗。

1685年　康熙二十四年，诏谕萨布素，要求罗刹退出雅克萨，如抗拒即用武力攻取。

1686年　康熙二十五年，沙俄再次盘踞雅克萨，命萨布素率兵逐之。

1687年　康熙二十六年，命清兵攻取雅克萨，俄罗斯遣使议和。厄鲁特噶尔丹大举进攻喀尔喀蒙古。

1688年　康熙二十七年，谕噶尔丹与喀尔喀和好。遣索额图前往尼布楚与俄罗斯分界立约，因噶尔丹掠喀尔喀无法通行，召回。

1689年　康熙二十八年，中俄双方签订《尼布楚条约》。

1690年　康熙二十九年，噶尔丹率军深入乌珠穆沁，康熙第一次亲征噶尔丹。是年，于乌兰布通大败噶尔丹。

1691年　康熙三十年，噶尔丹再犯喀尔喀，康熙派兵驻张家口、大同以备之。巡视喀尔喀南奔诸部。

1692年　康熙三十一年，于蒙古地方五路设置驿站。召科尔沁蒙古王沙律入京，面授机宜，使诱噶尔丹。

1695年　康熙三十四年，上巡畿甸，阅新堤及海口运道，建海神庙。

1696年　康熙三十五年，正月，下诏亲征噶尔丹。二月，亲统六师启行，二征噶尔丹。

1697年　康熙三十六年，第三次亲征噶尔丹于宁夏。四月，费扬古疏报闰三月十三日噶尔丹死，康熙率百官行拜天礼，敕诸路班师。七月，以朔漠平定，遣官告祭郊庙、陵寝、先师。

1698年　康熙三十七年，帝巡幸五台山。

1699年　康熙三十八年，三次南巡，视察河工。命修明太祖陵。巡视塞外。

1700年　康熙三十九年，巡视永定河工程，亲自指示修永定河方略。

1701年　康熙四十年，巡视喀尔喀蒙古等地。

1703年　康熙四十二年，南巡，阅视黄河。

1705年　康熙四十四年，第五次南巡阅河。

1706年　康熙四十五年，巡幸塞外，建避暑山庄于热河，为每年秋狝驻跸行宫。

1707年　康熙四十六年，第六次南巡。巡幸塞外。巡幸诸蒙古部落。

1708年　康熙四十七年，驻跸热河。废太子胤礽。

1709年　康熙四十八年，复立胤礽为太子。

1711年　康熙五十年，免除全国钱粮，并带积欠。巡视通州河堤。

1712年　康熙五十一年，再次废黜太子胤礽。

1713年　康熙五十二年，举行千叟宴，成为千叟宴之创始。

1715年　康熙五十四年，校刊《康熙字典》，康熙帝亲自作序。

1717年　康熙五十六年，策旺阿拉布坦遣将侵扰西藏，杀拉藏汗，囚其所立达赖。

1718年 康熙五十七年，命皇十四子胤禵为抚远大将军，进军青海。

1719年 康熙五十八年，诏立功之臣退闲，世职准子弟承袭；若无承袭之人，给俸终其身。命抚远大将军胤禵驻师西宁。

1720年 康熙五十九年，册封新胡毕勒罕为六世达赖喇嘛，结束了五世达赖喇嘛之后的西藏宗教领袖不定的局面。诏抚远大将军胤禵会议明年师期。

1721年 康熙六十年，上制平定西藏碑文。

1722年 康熙六十一年，举行千叟宴，亲自赋诗，诸臣属和，题曰《千叟宴诗》。十一月十三日，康熙病逝。遗诏皇四子胤禛继位，是为雍正帝。